Heinrich Bullinger

Beschreibung des Klosters Kappel und sein heutiger Bestand

Heinrich Bullinger

Beschreibung des Klosters Kappel und sein heutiger Bestand

ISBN/EAN: 9783744627535

Hergestellt in Europa, USA, Kanada, Australien, Japan

Cover: Foto ©ninafisch / pixelio.de

Weitere Bücher finden Sie auf **www.hansebooks.com**

Heinrich Bullinger's

Beschreibung des Klosters Kappel

und

sein heutiger Bestand.

Von

M. Hottinger, H. Zeller-Werdmüller und J. R. Rahn.

Leipzig.

In Commission bei Karl W. Hiersemann.

Druck von David Bürkli in Zürich.

1892.

Mittheilungen der antiquarischen Gesellschaft in Zürich.

Band XXIII, Heft 4.

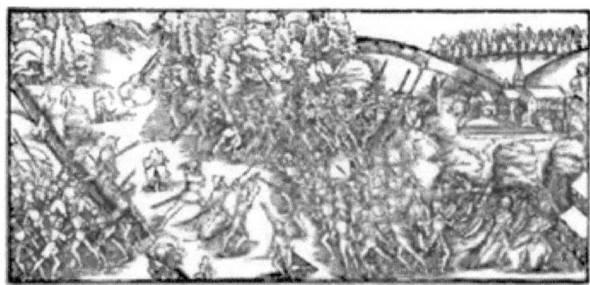

Fig. 1.

Die herrliche Klosterkirche von Kappel und ihre Denkmäler sind schon 1842 und 1845 Gegenstand des Neujahrsblattes der jungen Antiquarischen Gesellschaft gewesen; prächtige Stiche des in Wiedergabe mittelalterlicher Bauten unerreichten Franz Hegi machen dieselben äusserst werthvoll.

Vorliegende Blätter sollen eine Ergänzung dieser frühern Arbeiten der geschichtskundigen Professoren Heinrich Escher im Burghof und Salomon Vögelin des ältern sein; letzterer äusserte schon damals den Wunsch, es möchte Bullingers Schilderung des Klosters neu herausgegeben werden, er hätte auch die wissenschaftliche Beschreibung der vorhandenen Bauten willkommen geheissen. — Die Klostergeschichte und diejenige des Hauses Eschenbach, welche in genannten Arbeiten die Hauptstelle einnehmen, fallen nicht in den Rahmen unseres Blattes.

An die Wiedergabe und Uebersetzung der Klosterbeschreibung Heinrich Bullingers durch Herrn Pfarrer M. Hottinger in Knonau wird sich eine Beschreibung des heutigen Bestandes der Anlage durch Prof. Dr. J. R. Rahn mit Plänen und Schnitten anlehnen. Diese sind von Herrn Architekt H. Fietz mit grosser Sorgfalt und künstlerischem Geschick hergestellt worden. — Einige baugeschichtliche Angaben und Nachweise über die vorhandenen Erinnerungen an die Gutthäter der Abtei folgen am Schlusse der Einleitung.

Herr Verwalter May in Kappel hat sich Herrn Fietz sowohl, als den Verfassern jeweilen aufs Zuvorkommendste und Gastfreundlichste zur Verfügung gestellt, wofür ihm dieselben hiemit herzlich danken.

———

Wohl der bedeutendste Mann, welcher in nähern Beziehungen zu Kappel stand, ist Heinrich Bullinger gewesen, der Nachfolger Zwingli's, der grosse milde Vorsteher der Zürcher Kirche, welcher mit Calvin und Melanchthon im dritten Viertheil des sechzehnten Jahrhunderts das hervorragendste Haupt der gesammten evangelischen Kirche gewesen ist, dessen Einfluss sich namentlich auch in England geltend machte. Wie dieser grosse Kirchenmann in spätern Jahren Musse fand, als Geschichtsschreiber

29*

für seine Zeit Bedeutendes zu leisten, so hat er schon in der Jugend durch die Geschichte und Beschreibung Kappels Zeugnis davon abgelegt, wie wohl sich reformatorische Thätigkeit mit geläutertem Kunstsinn und Achtung vor den Denkmälern der Vergangenheit vertragen.

Heinrich Bullinger, jüngster Sohn des Bremgarter Stadtpfarrers Heinrich Bullinger und seiner, wenn auch der kirchlichen Satzungen wegen nicht angetrauten, doch allgemein geehrten und geachteten Hausfrau Anna Widerkehr, wurde am 18. Juli 1504 zu Bremgarten geboren. Er wuchs in gastfreiem Hause auf, woselbst die Angesehensten der Eidgenossenschaft gerne verkehrten. Im zwölften Jahre sandten ihn die Eltern auf die Schule von Emmerich im Herzogthum Cleve, von wo aus er im Juli 1519 an das Collegium Bursae Montis in Köln überging und daselbst 1520 das Baccalaureat erwarb. Er studierte zuerst Philosophie und die Klassiker, hernach Theologie. Durch Luthers Schrift von der babylonischen Gefangenschaft für die Kirchenverbesserung gewonnen, entsagte er dem Gedanken, in den Karthäuserorden einzutreten, und kehrte nach Erlangung des Grades eines Magister Artium in die Heimat zurück.

In Kappel hatte der gelehrte Abt Wolfgang Joner, genannt Rüplin von Frauenfeld, schon 1519 begonnen, seine Abtei umzugestalten und derselben im Sinne der Reformatoren neues Leben einzuflössen. Gerade jetzt war er im Begriff, für seine zwölf Mönche und für junge Leute eine Klosterschule einzurichten, zu deren Leitung er den neunzehnjährigen Bullinger berief.

Am 17. Januar 1523 trat dieser in seine neue Stellung ein. Er bediente sich in seinen Vorträgen stets der deutschen Sprache, zu besserem Verständniss für die Mönche und mit Rücksicht auf fremde Zuhörer. Seine Aufgabe war, den Schülern die Kenntniss der heiligen Schrift und der lateinischen klassischen Schriftsteller beizubringen; er kam derselben mit Ernst und Eifer nach. — Daneben betheiligte er sich lebhaft an den Kämpfen seiner Zeit und verfasste während seines sechsjährigen Aufenthaltes über 50 meist ungedruckt gebliebene reformatorische Abhandlungen und Streitfragen.

Unter Bullingers Mitwirkung wurden am 9. März 1525 die Bilder aus der Klosterkirche entfernt, am 4. September die Messe abgestellt, an welcher er selbst niemals theilgenommen hatte. Im Jahre 1526 legten die Brüder das Ordenskleid ab und im Jahr 1527 übergab der Abt das Kloster an die Stadt Zürich, welche dasselbe unter Mitwirkung Joner's und Bullinger's in eine gelehrte Schule umwandelte.

Im Jahr 1529 wurde Bullinger Stadtpfarrer in Bremgarten, um nach Zwingli's Tod, 1531, im jugendlichen Alter von 27 Jahren die oberste Leitung der Zürcher Kirche zu übernehmen.

Dieser Mann nun fand Zeit und Musse, bisher von den Klosterbrüdern Versäumtes nachzuholen und in fliessendem Latein eine Geschichte und Beschreibung des Klosters Kappel zu verfassen, welche von hohem Werth ist und als eine von einem geistlichen Reformator verfasste Klosterchronik einzig dastehen dürfte. Ein weltlicher zeitgenössischer Reformator, der Bürgermeister Dr. Joachim von Watt in St. Gallen, hat allerdings unter dem Namen einer Klostergeschichte die Geschichte seiner Gegend in vorzüglichster Weise behandelt und dabei ebenfalls auf das Bauliche der St. Galler Stiftskirche Rücksicht genommen. — Die im Zürcher Staatsarchiv[1]) aufbewahrte Arbeit Bullingers ist seiner Zeit von J. J. Simmler in seiner Sammlung von Urkunden zur Kirchengeschichte[2]) abgedruckt worden.

[1]) Bestell VI. 44. S. 130—146.

[2]) Sammlung alter und neuer Urkunden zur Beleuchtung der Kirchengeschichte. 1757—1763. II. 2. S. 397 451.

Bullingers Beschreibung von Kappel ist Ende Januar 1526 geschrieben zu einer Zeit, als das Kloster noch bestand, alle Erinnerungen an den römischen Gottesdienst indessen bereits entfernt hatte und eine Stiftsgenossenschaft bildete, wie eine solche von Zwingli auch für Stein a./Rhein in Aussicht genommen war. Daraus erklärt sich auch, dass der Altäre und ihrer Ausstattung, der Orgel [1], mit keinem Worte mehr gedacht ist und einzig der steinerne Altartisch im Chor, welcher wohl auch für die Feier des h. Abendmahles benutzt wurde, hervorgehoben wird.

In der Einleitung schildert Bullinger die wissenschaftliche und religiöse Verkommenheit der bisherigen Klöster einerseits, anderseits das Idealbild einer geistlichen Vereinigung, wie solche nach seiner Ansicht fortbestehen sollte. An eine Aufhebung des Klosters dachte er nicht, da er die kommenden Geschlechter auffordert, nach seinem Vorbild die bisher vernachlässigte Klostergeschichte weiter zu führen.

Den geschichtlichen Abriss beginnt er mit Angaben über die Stifter, indem er die unter deren Bildnissen in der Klosterkirche befindlichen Angaben abschreibt und eine Erzählung des Königsmords bei Windisch, sowie den Untergang der Eschenbacher beifügt. — Hieran schliesst sich die jetzt im Zürcher Urkundenbuch (I, S. 216, No. 340) nach der Urschrift abgedruckte Stiftungsurkunde vom Jahre 1185.

Der zweite Abschnitt enthält die Beschreibung der Kirche und des Klosters, welche in der lateinischen Ursprache und in deutscher Uebersetzung hier zum Abdrucke kommt. — Es ist eine Arbeit, welche ebensosehr von Bullingers Verständnis für die mittelalterliche Baukunst, als von seiner klassischen Bildung Zeugnis ablegt. Man möchte vermuthen, dass der lange Aufenthalt im heiligen Köln seinen Sinn für die Schönheiten der gothischen Bauweise geweckt hat. Die Beschreibung schliesst mit einer stimmungsvollen Schilderung der herrlichen Gegend, welche leider wegen Raummangel unterdrückt werden muss.

Im dritten Theile gibt Bullinger ein Verzeichniss der Edeln, durch deren Gutthaten das Kloster blühte; es ist ein Auszug aus dem leider verlornen Jahrzeitbuche des Klosters. [2]

Den Schluss bildet eine Geschichte der Aebte und des Klosters von dessen Beginn bis auf Abt Wolfgang Joner, eine Geschichte, aus welcher Professor Salomon Vögelin im Neujahrsblatt der Antiquarischen Gesellschaft vom Jahre 1845 bereits das Wesentlichste in deutscher Uebertragung mitgetheilt hat und welche als Hauptquelle für die Kenntnis der innern Klosterverhältnisse während des XV. Jahrhunderts betrachtet werden muss.

Fig. 2.

[1] Dieselbe war nach einem Rodel Abt Ulrich Trinklers zu Anfang des XVI Jahrhunderts erneuert worden (Büscheler, Geschichtsfreund der V Orte. XXXIV, S. 139).

[2] Ein Blatt desselben, mit wichtigen Einträgen, ist kürzlich als Umschlag der Klosterrechnung von 1565 im Staatsarchiv Zürich aufgefunden worden.

De Coenobii Nomine et ejus forma, situ ac Nobili aede.

Jam quia longius est, Cisterciensis ordinis institutum,[1] quam ut hic recenseri possit, hoc adnotasse
satis putabimus idem institutum et eandem vivendi
regulam Cisterciensibus esse ac Benedictinis: de qua
re integer liber circumfertur a fratribus ad quem
te, si curiosus es, relegamus. In praesentiarum[2]
de nominis impositione ac ratione, item forma Coenobii
dicemus.[3] Fama est sacellum fuisse pervetustum
eo in loco quod hodie templum divi Marci occupat,
id quod post famam multi quoque adhuc superstites
viderunt: ejus vero incolas aliquot extitisse her-
micolas, vita non omnino poenitenda qui et sub-
terraneo meatu inde usque ad eam pertransierint
locum, quem inferius abbatis vinariam cellam in
profundiore secessu conditam dicemus. Erat autem
illis ea spelea domatis[**] loco, quemadmodum etiam
hodie camini et aliarum rerum restant vestigia.
Id vero cum re ipsa experirentur Eschenbachii et
aliquoties e castro[4] cernerent luminum fulgorem,
qui splendidior solet sub obscuram fieri noctem;
moti rerum occasione, templum adornare coeperunt:
dein et universum monasterium, quod a sacello illo
pervetusto — quod nobis Alemannis »ein Kappel«
sonat — illi nominarunt nostra lingua »Cappel«.
Haec quasi per manus a majoribus nostris, de nominis impositione accepimus. Nunc pergimus indi-
care qualemcunque coenobii nostri figuram et eam
quam nostro tempore vidimus ipsi.

Est locus[5] qui ab ortu versus plagam septen-
trionis Albim Tigurinorum montem habet, a meridie
vero ac Tugio ascendentibus paulo editior, colliculi
in morem, disposito fundo undiquaque irriguis pratis
confinibus, cui funditores[6] nostri, cum haud com-
moda videretur in Nidolsperg[7] aedificatio, totum

[1] Regula S Benedicti. [2] unum nomen coenobii
impositum. [3] castrum Schnabelburg. [4] descriptio coenobii.
[5] primum consilium Yfelsperg in fundum obgerat
[*] sic! [**] sic!

Von des Klosters Namen, Einrichtung, Lage und fürnehmer Kirche.

Schon deshalb, weil es hier zu weitläufig wäre, die
Einrichtung des Cisterzienserordens[1] zu besprechen, glauben
wir, es sei genuegend zu bemerken, dass die Cisterdenser
dieselbe Einrichtung und Lebensregel haben wie die Bene-
dictiner, worüber ein ganzes Buch unter den Brüdern im
Gebrauch ist, auf welches wir dich, wenn du neugierig
bist, verweisen. Mit Gegenwärtigem wollen wir von der
Namengebung, Bedeutung, sowie von der Gestalt des Klosters[2] sprechen. — Es geht die Sage, es habe an dem
Orte, welchen jetzt die Kirche des heiligen Markus einnimmt, eine uralte Kapelle gestanden, dieselbe, welche, wie
verlautet, noch viele jetzt Lebende gesehen haben. Seine
Bewohner aber seien einst Einsiedler von nicht durchaus
verwerflicher Lebensweise gewesen, die auch durch einen
unterirdischen Gang bis an den Ort hätten gelangen können,
welchen wir weiter unten als den an einem tieferen Orte gebauten Weinkeller des Abtes besprechen werden. Es diente
aber diese Höhle jenen Leuten als Wohnung, wie noch heute
Ueberreste eines Kamines und anderer Dinge daselbst vorhanden sind. Als nun die Eschenbacher dies erfuhren und
mehrmals von ihrer Burg[3] den Glanz der Lichter sahen,
welcher in dunkler Nacht strahlender zu werden pflegt,
begannen sie, durch die Gelegenheit der Umstände bewogen,
eine Kirche herzurichten, darauf auch das ganze Kloster,
das sie nach jenem uralten Heiligthume — welche für uns
Alemannen „ein Kappel“ lautet — in unserer Sprache
„Kappel“ nannten. Solches haben wir gleichsam von Hand
zu Hand von unsern Vorfahren über die Namengebung ver-
nommen. Nun fahren wir fort zu zeigen, welches die
Gestalt unseres Klosters sei und zwar, wie wir sie zu unserer
Zeit selbst gesehen haben.

Der Standort[4] hat nach Nordosten den zürcherischen
Berg Albis, von Süden aber und für die von Zug heran
kommenden ist er nach Art eines kleinen Hügels etwas erhöht.
Dieses Grundstück ist überall durch benachbarte Rieder
abgegrenzt und da die Erbauung zu Nidolsperg[5] nicht
vortheilhaft erschien, errichteten hier unsere Gründer dieses
ganze Gebäude, von Mauern umgeben, durch ein Thor be-

[1] Regel des hl. Benedict. [2] Dem Kloster wird ein Name gegeben.
[3] Schloss Schnabelburg. [4] Beschreibung des Klosters. [5] Ein erster
Rathschluss hatte den Yfelsberg zum Grundstück ausgewählt.

hoc imposuere aedificium, muris cinctum porta munitum et reliquis id genus illustratum. Inter ea cum nihil sit non summa cura elaboratum, primas tamen mereri videtur augustum illud et vere Salomonicum templum,[1] quod ut totum a doctissimis artificibus e quadris constructum est lapidibus, ita non minus effabre expolitis. Est illi figura[2] in crucis modum composita et caput[3] orientem respicit, longum pedes 36 latum vero 28. Cornua ad dextram et sinistram longitudine tenent pedes 23 latitudine 85. Quae imprimis contemplari volumus, dein vero progredi ad cetera. In capite orientem versus fenestra[4] est ut immensae altitudinis et latitudinis, ita artificii quod ad colorum dispositionem et delectum spectat non vulgaris. Ante quam statim post passum unum aut alterum, ara est[5] adeo ampla et speciosa, ut haud facile secundam in tota repereris Helvetia (!) Lata semis et palmas duo de viginti longa vero semis et 8, integro et non interrupto constrata lapide, ita splendide polito ut Policletem possit agnoscere artificem. Ad dextrum porro ingredienti sedilia[6] in murum exsectis facta quadris tornario juncta numero columnulis, capitellis et excavationibus ac circino ornata praestructo etiam pulpito, conspectui sese offerunt: quo fessus longa statione sacrificus cum ministris se conferre solebat, quando etiamdum ab altari eos oblongae chori cantiones depellebant. Altitudo illi cum omnibus aliis aequalis, idem pavimentum, eadem testudo de quibus paulo post. Cornu vero illud quod respicit septentrionem,[7] altitudine nihil dissidet a tota aedificii profunditate et duobus**) fenestris, hac quidem occidentali, illa vero meridionali,***) lucem immittit apertam. Instructum est aris duabus quarum Johanni una, altera Nicolao dicata,[8] non quidem illae in praescripta constitutae metha, sed singulis extra septa orientem versus, deductis sacellis, quae ex sectis constructa lapidibus et obducta

[1] templum. [2] figura. [3] caput. [4] fenestra. [5] altare.
[6] sedilia. [7] cornu septentrionale. [8] sacella.
*) sic. **) sic. ***) sic, scilicet beimen septendrionali.

schätzt und mit anderem derartigem ausgestattet. Von allem dürften wir mit der grössten Sorgfalt hergestellten, scheint aber die erste Stelle jener herrliche und wahrhaft salomonische Tempel[1] zu verdienen, welcher durch die geschickterten Handwerker ganz aus viereckigen, sorgfältig behauenen Steinen aufgebaut ist. Seine Gestalt[2] ist diejenige eines Kreuzes und der Chor[3] von 36 Fuss Länge und 28 Breite schaut nach Osten. Die Flügel zur Rechten und zur Linken haben 23 Fuss Länge und 85 Breite. Diese wollen wir zuerst betrachten, dann aber zum Uebrigen gehen. Im Chor ist östlich ein Fenster[4] sowohl von gewaltiger Höhe und Breite, als auch ein aussergewöhnliches Kunstwerk in Bezug auf Auswahl und Anordnung der Farben. Sogleich vor demselben, nach ein oder zwei Schritten, befindet sich ein Altar[5] so gross und ansehnlich, wie man nicht leicht einen zweiten in der ganzen Eidgenossenschaft finden könnte, 19½ Spannen breit und 8½ lang, mit einem einzigen, ungetheilten Steine bedeckt, der so herrlich behauen ist, dass man den Polyklet für den Verfertiger halten könnte. Zur Rechten des von vorn Eintretenden erblickt man in die Mauer eingelassene, in Dreizahl vereinigte Sitze[6] aus gehauenen Quadern, mit Säulchen, Capitälen, Vertiefungen und Zirkelornamenten geschmückt, mit vorgebautem Pulte; dahin pflegte sich der vom langen Stehen müde Messpriester mit den Zudienenden zu begeben, während die langen Chorgesänge sie vom Altar abtreten hiessen. Der Chor hat dieselbe Höhe, wie alles andere, denselben Fussboden, dasselbe Gewölbe, worüber etwas später die Rede sein wird. Der Flügel aus, welcher nach Norden schaut,[7] ist in der Höhe von der ganzen Tiefe des Gebäudes in Nichts verschieden und lässt durch zwei Fenster, das Eine westlich, das Andere südlich,*) das volle Licht herein. Er ist mit zwei Altären ausgestattet, deren Einer dem Johannes, der Andere dem Niklaus geweiht ist,[8] — sie befinden sich jedoch nicht in dem beschriebenen Joch, sondern in besonderen, nach Osten hin gelegenen, ausser das Schiff hinaus gebauten Kapellen, welche, aus Hausteinen erbaut und mit Gewölben versehen, durch je ein Fenster die Morgensonne hereinlassen. In beiden Theilen erheben sich Grabmäler[9] berühmter Männer, hier nämlich und dort diejenigen der Manesse und derjenigen, welche gemeinhin von Baldegg

[1] Die Kirche. [2] Gestalt. [3] Chor. [4] Fenster. [5] Altar. [6] Sitze.
[7] Nördlicher Flügel. [8] Kapellen. [9] Grabmäler.
*) sic, soll heissen südlich.

testudinibus singulis fenestris orientem addmittunt solem. Ex utraque parte monumenta extolluntur[1] clarissimorum virorum, hic enim atque illic Manasseorum et eorum, quos vulgus a Baldeg et Bonstetten vocat, nec non et illustris viri Johannis de Seon equitis aurati visuntur sepulcra, quorum pietate factum — quemadmodum postea copiosius docebimus — ut non nihil coenobio accreverit necessariorum magis quam divitiarum.

Inter hoc et dextrum cornu, septa est[2] paulo minor cornubus, quae caput et cornua tertiae parti, occidentali puto, seu nodo quopiam jungit, libera omnino, nisi quod columnis et privatis quibusdam arcubus in altum non secus deducitur, ac si sibi tantum privatim serviat, nihil commercii cum reliquis habeat. Illi ad dextrum, meridiem versus, dextrum cornu[3] est confine et plane nihil dissidet ab hoc, quod jam nunc depinximus, nisi quod una tantum fenestra eaque haud magna occidentem immittit lucem. Sunt in eo arae duae, haec Petro ac Paulo, illa vero Stephano conserata, ubi et Grisolorum visuntur monumenta.

Est et conclave munitissimum[4] in ejus cornu parte extima. Fratres Benedictinum[5] vocant, in quo templi ornamenta sacris peragendis aut peractis reponebantur, e quo etiam seu scena sacrifici prodibant ad aras. Ceterum sacellis illis imminet et aliud conclave in eosdem fere usus deputatum, ad cujus exitum vetustas bibliothecam[6] habuit. In ea cum nihil neque bonarum neque piarum invenerimus literarum, silentio transeundam statui.

Proxime illam in ejusdem cornu parte extima horalogium[7] sibi suam habet sedem, adeo affabre per artificem (cui nemo unquam par fecit) constructum, ut intra paucissimas rotas innumera illa consistat dimensio. Extat etiamdum hujus descriptio per eruditissimum L. L. D. Durstium,[8] adeo non poterit hoc divinum opus absolvi paucis.

---

[1] mausolea. [2] septa et testudo media. [3] cornu meridionale. [4] conclavia. [5] Benedictinum. [6] bibliotheca. [7] horalogium. [8] D. Turst Tigurinus.

---

und Bonstetten genannt werden, ebenso sieht man auch das Denkmal des vornehmen Mannes Johannes von Seon, Ritters. Durch die Frömmigkeit dieser Leute geschah es — wie wir später ausführlicher zeigen werden — dass das Kloster nicht so sehr an Nothwendigem zunahm, als an Reichthum.

Zwischen diesem und dem rechten Flügel ist die Vierung,[1] etwas kleiner als die Flügel, welche den Chor und die Flügel mit dem dritten Theile, ich meine mit dem westlichen wie durch einen Knoten verbindet. Sie ist durchaus offen, nur mit dem Unterschied, dass sie in der Höhe nicht durch Pfeiler und gewisse besondere Bogen weiter fortgeführt wird, als wenn sie blos für sich allein dienen würde und keine Verbindung mit dem Uebrigen hätte. Ihr schliesst sich zur Rechten gegen Süden der rechte Flügel[2] an und dieser ist durchaus nicht verschieden von demjenigen, welchen wir soeben beschrieben haben, ausser dass er das Abendlicht bloss durch ein einziges nicht gar grosses Fenster hereinlässt. In ihm befinden sich zwei Altäre, dieser Peter und Paul geweiht, jener dem Stephanus, wo man auch die Denkmäler der Gessler sieht.

Es befindet sich auch an der Aussenseite dieses Flügels ein wohlverwahrtes Gemach,[3] die Brüder nennen es Benedictinum,[4] in welchem der Kirchenschmuck zum Vollzug der heiligen Handlungen aufbewahrt wurde, aus welchem auch die Messpriester zu den Altären wie aus einem Zelt herausgiengen. Ferner ist über jenen Kapellen noch ein anderes Gemach so ziemlich zu demselben Gebrauch bestimmt, bei dessen Ausgang sich vor Altem die Bibliothek[5] befand. Da wir in ihr nichts weder von guten noch von frommen Büchern finden würden, will ich sie mit Stillschweigen übergehen.

Zunächst bei ihr, an der Aussenseite desselben Flügels hat das Uhrwerk[6] seinen Platz. Es ist so künstlich vom Uhrmacher (dem es noch niemand gleich gethan hat) verfertigt, dass jenes unendlich grosse Werk aus sehr wenigen Rädern besteht. Es ist auch eine Beschreibung desselben durch den gelehrten L. L. D. Durst[7] vorhanden; jetzt könnte dieses göttliche Werk nicht mit ein paar Worten abgethan werden.

Wir kehren also auf den in das Gotteshaus hinabführenden steinernen Stufen zurück, um auch den west-

---

[1] Vierung und mittlere Joch. [2] Südlicher Flügel. [3] Schatzkammer. [4] Benedictinum. [5] Bibliothek. [6] Uhrwerk. [7] D. Turst, Zürcher.

Redimus ergo per lapideos illos in aedem reducentes gradus, occidentalem etiam partem delineaturi. Itaque tertia pars templi, quae post cornua incipit, et occidentem versus spatio 94 pedes dividitur, latitudinem 57 pedum habet,[1] sed non parem undique altitudinem. Dividitur enim haec pars per columnas in ordines tres,[2] qui tamen pares sunt longitudine, at neque altitudine neque latitudine quia meditulli latitudo intra columnas consistens, pedes habet 26, reliquae partes a columnis ad parietem singulae non nisi decem.

Sed de media parte primum dicendum erit.[3] Est haec sola cubitos (ni fallor) alta 24 et semis, aut si mavis pedes 52. Erigitur autem hinc atque illinc, a pavimento, tenaci stratum **) caemento, per columnas 6;[4] quarum una ab alia 9 distat pedes, recto ad orientem et occidentem ordine: ita ut bivae in sumitate constituant arcum, quibus deinde non nihil incumbit murorum, quos sequuntur fenestrae[5] singulae, amplae, perspicaces, et adeo adpositis et lepidis variegatae coloribus, ut vel hinc adpareat velorum industria.

Summam vero partem mira columnarum connexione obtinet testudo,[6] quae pari arte in omnes excurrens templi partes, in caput videlicet et in cornua, omni parte fere similis, mirum est, quam probe vocem acceptam calleat regerere; sic ut ipsam Ovidii Echo[7] in sumitatum sinu latitare jurares. Ita si omnia congeras, in hac parte, reperies in singulis cornubus et capite singulas connexiones, cui et media illa accedit, omnia jungens, hoc est connexiones 4. Hic vero in parte tertia connexiones 6, quas singulae sequuntur costae, sinum constituentes, hoc est 6; columnas ex utraque parte 12, fenestras 12, arcus 12, ac in fine capitis columnas duas, in facie fenestram unam, in cornubus 3, in sacellis 4.

Rursus in meditullio sedilia sunt[8] e querno ligno per chorum (ut vocant) spatio 48 pedum hinc

[1] dimensio templi. [2] altitudo templi. [3] columnae.
[4] fenestrae. [5] testudo. [6] echus. [7] chorus sedilia.
*) sic. **) sic.

lieben Theil zu beschreiben. Der dritte Theil von der Kirche, welcher hinter dem Querschiff beginnt und sich gegen Westen hin 94 Fuss lang hinerstreckt, ist 57 Fuss breit,[1] aber nicht überall gleich hoch. Dieser Theil ist nämlich durch Pfeiler in drei Schiffe getheilt, welche zwar in der Länge gleich sind, nicht aber in der Höhe und in der Breite, weil die zwischen den Pfeilern liegende Breite des Mittelschiffes 26 Fuss beträgt, die beiden Seitenschiffe von den Pfeilern zur Wand je nur 10 Fuss messen.

Ueber das Mittelschiff aber wird zuerst gesprochen werden müssen.[2] Dieses allein ist — wenn ich nicht irre — 24½ Ellen oder, wenn du lieber willst, 52 Fuss hoch. Es erhebt sich aber zu beiden Seiten von dem mit haltbarem Mörtel belegten Fussboden auf 6 Pfeilern,[3] von denen der Eine vom Andern in gerader Richtung von Ost nach West 9 Fuss absteht, so dass je zwei in der Höhe einen Bogen bilden, über denen dann einiges Mauerwerk aufliegt. Auf dasselbe folgt je ein einzelnes Fenster,[4] gross und hell und durch so wohl aufgetragene und sanfte Farben abgetönt, dass hieraus insbesondere die Kunstfertigkeit der Verfahren offenbar wird.

Den obersten Theil aber nimmt in wunderbarer Verknüpfung der Pfeiler das Gewölbe[5] ein, welches, gleich künstlich, alle Theile der Kirche, den Chor sowohl als auch die Flügel, allenthalben in ähnlicher Weise durchläuft. Erstaunlich ist es, wie deutlich es den empfangenen Schall zurückzutragen weiss, so dass man schwören möchte, die Echo[6] des Ovid sei selber in der Wölbung des Scheitels verborgen. Wenn man nun alles in diesem Theile zusammenzählt, so wird man in den einzelnen Flügeln und im Chor je ein Joch finden, wozu noch jenes mittlere alles verbindende hinzukommt, also 4 Joche. Hier aber im dritten Theile sind 6 Joche, welche von 6 einen Bogen bildenden Rippen begleitet sind; auf beiden Seiten zusammen 12 Pfeiler, 12 Fenster, 12 Archivolten und am Ende des Chores 2 Pfeilervorlagen, vorn ein Fenster, in den Querschiffflügeln drei, in den Chorkapellen vier.

Ferner ziehen sich im Mittelschiffe Sitze[7] aus Eichenholz durch den sogenannten Chor hin, in einer Länge von 48 Fuss zu beiden Seiten vor den Pfeilern. Sie sind mit Holzschnitzereien verziert, mit vertieften Kreisen, ausgedrehten

[1] Umfang der Kirche. [2] Höhe der Kirche. [3] Die Pfeiler. [4] Die Fenster. [5] Das Gewölbe. [6] Echo. [7] Chorstühle.

atque illinc ante columnas, opere carpentario con-
cinnata, circiuis cava, capitellis intorta, leunculis,
liliis, animalculis, imagunculis et id genus insertionibus pulcherrime expolita, hastilibus et pulpitis
exculta. A tergo vero innituntur muro, qui a tertia
columna, medius spatio 10 pedum extra primam
versus orientem, utrinque producitur et ibi quernam
januam ex utraque parte sub libera illa testudine,
omnia tamen connectente, constituit, quae in capitis
columnas innituntur. Ad occidentem idem murus
latitudinem meditullii occupat, occludit, et coiens
januam constituit. Istaec vero omnia vulgus chorum
appellat.

Prope hunc est etiam murus alius, qui totam
templi latitudinem, nedum chori aut columnarum
occludit, et media janua aditum ad interiora praebet.
In eo rostra[1] sunt, e quibus ad populum verba fiunt,
quem promiscue ea templi pars recipit, quae extra
hunc murum hoc nomine vacat. Insignia[2] clarissimorum ab Hünenberg monumentum seu sepultura,
quae ad dextram introeuntibus est conspicua.

Nunc de reliquis etiam duabus partibus[3] dicendum, quae huic parti tertiae veluti appendices
sunt. Ordinantur autem a cornubus dextro et sinistro,
sicuti et descripta pars tertia, cum qua et excurrunt
ad occidentem usque pedes 94. Altitudo earum ad
arcus columnarum desinit, etsi non minus fulgeant
utraeque connexionibus senis constructae, quas sequuntur costae, hoc est ex utraque parte duodenis.
Latitudo pedes habet decem, ut antea monuimus.
Longitudo interrumpitur muro illo, quo segregatur
a choro populus. Uterque paries muratus, sed non
lapidibus sectis constructus, uti cetera omnia.
Undique patent utraeque in partem tertiam, nisi
qua chorus includitur, sic ut nihil omnino supersit
obstaculi praeter columnas et altitudinem, quo
minus eodem omnia contegerentur tecto. Et ea
pars quae septentrionem spectat fenestras habet 6
prioribus nihilo ignobiliores, meridionalis quia ambitu haeret, nullam.

[1] suggestum. [2] abaytin.
[3] air.

Säulchen, kleinen Löwen, Blumen, Thierchen, Masken und
dergleichen Schnitzereien auf's Schönste gearbeitet und mit
Schäften und Pulten versehen. Rückwärts aber lehnen sie
sich an eine Mauer, welche sich vom dritten Pfeiler an 10
Fuss über den ersten hinaus ostwärts in der Mitte zu
beiden Seiten hinerstreckt und daselbst unter jenem offenen
Gewölbe, das Alles zusammenhält, beiderseits eine eichene
Thüre bildet. Diese Thüren lehnen sich an die Pfeilervorlagen des Chores an. Westwärts nimmt die gleiche
Mauer die Breite des Mittelschiffes ein, schliesst es ab und
beim Zusammentreffen bildet sie eine Thüre. Dieses Alles
nun heisst gemeinhin Chor.

Nicht weit davon ist noch eine andere Mauer, welche
die ganze Breite der Kirche, nicht blos diejenige des Chores
oder Mittelschiffes, abschliesst und durch eine Thüre in
der Mitte Zugang zum Innern gewährt. Hier befindet
sich die Kanzel,[1] von welcher zum Volke gepredigt wird,
welches durcheinander derjenige Theil der Kirche aufnimmt, der ausserhalb dieser Mauer unter diesem Namen
übrig bleibt. Bemerkenswerth ist das Denkmal oder die
Grabstätte der Edeln von Hünenberg, welches den Eintretenden auf der rechten Seite sichtbar ist.

Jetzt soll von den beiden übrigen Theilen[2] gesprochen
werden, welche Zubehörden dieses dritten Theiles sind. Sie
gehen, gleichwie der beschriebene dritte Theil, vom rechten
und linken Querschiffflügel aus, mit welchem sie sich auch
nach Westen 94 Fuss weit hinerstrecken. Ihre Höhe endigt
bei den Architolten, gleichwohl prangen beide nichts-
destoweniger mit je sechs Gewölben, das sind auf beiden
Seiten zusammen 12. Die Breite beträgt zehn Fuss, wie
wir oben gesagt haben. Die Länge wird durch diejenige
Mauer unterbrochen, welche das Volk vom Chore trennt.
Die beiden Seitenwände sind gemauert, aber nicht aus Hausteinen aufgeführt wie alles übrige. Ueberall sind beide
gegen das Hauptschiff offen — mit Ausnahme des vom
Chor eingeschlossenen Theiles — so dass ausser den Pfeilern und der Höhe durchaus kein Hinderniss vorhanden
wäre, alles mit demselben Dache zu bedecken. Das nördlich liegende Schiff hat 6 Fenster, welche den früheren in
nichts nachstehen; das Südliche keines, wegen des darum-
gebauten Kreuzganges.

[1] Kanzel. [2] Abseiten.

Porta vero omnium maxima[1]) occidentem spectat, desuper amplissima illustris fenestra. — Minor hac est in cornu sinistro septentrionem spectans. Nam alias quoque januas 4 habet[2]): primam et frequentia populi notam, quae ad septentrionem fere in postrema templi parte, educit, secundam, quae per gradus traducit ante horologium ad dormitorium. Reliquae duae immittunt in ambitum, quarum haec e regione septentrionalis est, versus occidentem, illa vero quae prope initium dextri cornu in eundem immittit, coenobitis usitatissima. Et hactenus de templo, nunc quid ambitus contineat aut quae ei connexa sint audite.

Ambitus[3]) multis quidem nominibus aedificium est haud unquam satis laudatum. Forma est quadrangularis. Pavimentum caemento stratum, pineo tectum ligno, sparsim et artificium insertionibus ac picturis ferro fieri solitis, ornato; parietes extraforanei caementariorum opus, dealbati et levi pictura variegati; interiores vero sectilibus stabiliti saxis, fenestras bifores complectuntur,[4]) quarum pretium, perspicuitas, industria et inaudita rumque pictura, cum omnem superet dicendi violentiam, satius putavi praeterire, quam indignis figmentis indigna tractare. Septentrionales intersignia[5]) priuarum civitatum Helvetiae habent numero decem; meridionales abbatum et heroum quorundam tenet numero novem orientales octo, totidem et occidentales et ipsae abbatum episcoporum, nobilium et coenobiorum intersignia ostentantes. Sunt autem ob hoc ceteris partiores, quod duabus januis in hortulum[6]) floribus et palmis consitum, praebent ingressum, qui in medio virens, mirum est, quantum spectatori adferrat voluptatis. Habet etiam nihil ultra 77 pedes, cum alia illa latera pateant 81. Sunt et alia nonnulla, quae hunc reddunt multo commendatiorem. Est enim inter prima ad templi statim ingressum, Halvileorum et sacellum[7]) ferreis cancellis inclusum et eorundem mausolea. Est et senatus receptaculum, quod fratres

[1]) porta occidentalis. [2]) januae templi. [3]) ambitus descriptio. [4]) fenestrae. [5]) intersignia. [6]) hortulus. [7]) mausolea nobilium.

Die grösste aller Thüren liegt nach Westen,[1] darüber ist ein grosses, prächtiges Fenster. Kleiner ist die im linken Querschiffflügel nach Norden hinschauende; ausserdem giebt es noch vier andere Thüren[2]): die erste und durch den Besuch des Volkes bekannte, führt nördlich, beinahe am Ende der Kirche, hinaus, die zweite führt über die Treppe vor der Uhr zum Schlafsaal. Die beiden übrigen münden in den Kreuzgang, die eine befindet sich nordwestlich (?), die andere, welche nahe beim Anfang des rechten Querschiffflügel in den Umgang mündet, wird von den Klosterbrüdern am meisten benutzt. Bis hieher von der Kirche, jetzt hörst, was der Kreuzgang und seine Nachbargebäude enthalten.

Der Kreuzgang[3] ist ein Bauwerk, das selbst mit vielen Worten kaum genug gepriesen werden kann. Seine Gestalt ist viereckig, der Fussboden ist mit Kalkguss belegt, die Decke aus Fichtenholz ist stellenweise sowohl mit kunstreichen Schnitzereien als auch mit Bildern, wie sie mit dem Messer gemacht zu werden pflegen, geziert. Die äusseren Wände sind gemauert, geweisst und mit leichter Malerei geschmückt, die inneren jedoch sind aus Hausteinen errichtet und enthalten Doppelfenster[4]). Da deren Kostbarkeit, Klarheit, Künstlichkeit und unerhörte, seltene Malerei alle Macht der Rede übertrifft, halte ich es für besser, sie zu übergehen, als sie mit ungenügenden Bezeichnungen ungenügend zu beschreiben. Die nördlichen enthalten die Wappen[5] der ersten eidgenössischen Stände, 10 an der Zahl; die südlichen diejenigen gewisser Aebte und Helden, an Zahl 9, die östlichen 8 und ebensoviel die westlichen, Wappen von Aebten, Bischöfen, Adeligen und Klöstern aufweisend. Diese Seiten sind aber deswegen weniger bedacht als die andere, weil sie durch zwei Thüren Eingang in ein mit Blumen und Sträuchern bepflanztes Gärtchen[6]) gewähren, das in der Mitte grünend einen wunderbar lieblichen Anblick gewährt. Sie haben aber nicht mehr als 77 Fuss Länge, während die andern Seiten 81 Fuss lang sind. Es befinden sich hier auch noch andere Gegenstände, welche denselben noch viel bemerkenswerther machen. Vor Allem liegt unmittelbar beim Eingang in die Kirche die mit eisernem Gitter umgebene Kapelle[7]) derer von Halwil und ihre Grabmäler. Hier ist auch das Berathungszimmer, welches die Klosterbrüder Kapitelhaus[8]) nennen, anmuthig durch prächtige

1. Westthüre. 2. Thüren der Kirche. 3. Beschreibung des Kreuzgangs. 4. Fenster. 5. Wappenschilder. 6. Gärtchen. 7. Grabmäler von Halwil. 8. Kapitelsaal.

capituli domum [1] vocant, miris jucunda liniamentis; ante cujus fores monumenta nitent illustrissimae Eschenbachiorum familiae. Sunt et alia multa non minus jucunda quam pulcherrima, et ejus generis est refectorii aula, [2] candore, aura, fenestris ac pavimento celeberrima.

Porro ad occidentem habet omnium fructuum vivacissimum repositorium. Est ibi locus [3] undique spatiosissimus, editus, leni aura pervius, salubris, fenestris illustrissimus, in quem frumentorum solent acervos convehere.

Sub hoc vini est cellarium [4] omnino tale cui haud facile repereris similem, [5] sive profunditatem, sive frigus, sive teporem, sive vicissitudines anni, sive aliud quidpiam species, pavimentum e caemento est, et testudine undiquaque contectum.

Ceterum supra ambitum cellae fratrum [6] sunt numero 16, munditie, amplitudine, silentio, quiete, structura et prospectu, homini Musis et pietati consecrato praemolum jucundae.

Jam ex ambitu exitus [7] ad comunem omnium domum patet, etiam hic fenestris ornatus et ex parte dextra tribus stipatus cellulis. At domus [8] ampla est et regia, tamen vetusta et veterum more constructa; libere et in editiorem locum; sic ut nullus ex omnibus sit ventis, iisque salubrioribus, qui non queat pleno velo omnes fere domus partes pervagari; interim altitudine sua [9] non nisi tres mansiones complectitur, quarum una — ni fallor — ab altera quatuor distat cubitis, nam nullus nobis de tectorum fastigiis sermo erit. Porro supremam, quae ex omnibus et saluberrima est et expolitissima, Abbas inhabitat. [10] Ea ad septentrionem hypocaustum et cubiculum habet, domum muuseon, et vere museon amoenissimum, nam vincit in primis prospectus ita jucundus, ut nihil plane desiderari possit, quum ante fenestras cimiterium cristallo sit viridius, in quo

[1] capitulum. [2] refectorium. [3] cellarium majus.
[4] cella vinaria. [5] Dormitorium. [6] Transitus in domum.
[7] Descriptio domus. [8] Altitudo domus. [9] Abbatis habitatio.
[10] sic!

Zeichnungen. Vor seinem Eingange prangen die Denkmäler der hochberühmten Familie von Eschenbach. Auch noch vieles andere nicht weniger liebliche als auch sehr schöne befindet sich hier; dahin gehört auch das durch Helligkeit, Luftigkeit, Fenster und Fussboden weitbekannte Refectorium. [2]

Weiter gegen Westen hat der äusserst frohmüthige Speicher für alles Getreide seinen Ort. Daselbst ist ein nach allen Seiten hin sehr weiter, hoher, luftiger, gesunder, mit Fenstern geschmückter Raum, [3] wohin die Getreidehaufen geschüttet werden.

Darunter liegt der Weinkeller, [4] in jeder Hinsicht derart, wie man nicht leicht einen ähnlichen finden kann, sei es in Anbetracht der Tiefe, oder der Kälte, oder der Wärme, gemäss dem Wechsel der Jahreszeiten, oder von irgend etwas anderem. Der Boden besteht aus Kalkguss und die Decke ist überall gewölbt.

Ferner befinden sich über dem Kreuzgang die Zellen der Klosterbrüder. [6] 16 an Zahl. Durch schmuckes Aussehen, Grösse, Stille, Ruhe, Einrichtung und Aussicht sind sie dem Menschen, der sich der Wissenschaft und der Frömmigkeit geweiht hat, äusserst behaglich.

Stand schon vom Kreuzgang ein Ausgang [7] zum gemeinschaftlichen Hause aller offen, so befindet sich auch hier einer mit Fenstern geschmückt und rechts von drei kleinen Zellen (sc. Abtritte) begrenzt. Das Haus [8] nun ist stattlich und königlich, wenn auch alt und nach der Weise der Alten gebaut, frei und an einem höheren Platze, so dass alle Winde, hauptsächlich die gesünderen, mit vollem Segel beinahe alle Theile des Hauses durchstreichen können. In seiner Höhe [9] jedoch umfasst es nicht mehr als drei Wohnböden, von welchen der Eine vom Andern — wenn ich nicht irre — 4 Ellen absteht, denn von den Dachgiebeln sprechen wir nicht. Die oberste Wohnung aber, die gesundeste und ausgeschmückteste von allen, bewohnt der Abt [10]. Sie besitzt gegen Norden eine Stube und ein Schlafzimmer, das Studirzimmer des Herrn, und wahrhaftig das anmuthigste Studirzimmer, denn vor Allem fesselt eine so frohmüthige Aussicht, wie sie nicht schöner gewünscht werden kann, da vor den Fenstern ein Kirchhof liegt, grüner als Smaragd, wo ein Brunnen [11]

[2] Refectorium. [3] der grössere Speicher. [4] Weinkeller, [5] Schlafgemächer, [6] Durchgang in's Abts-Haus. [8] Beschreibung des Abts-Hauses. [9] Höhe des Abts-Hauses. [10] Wohnung des Abtes. [11] Brunnen.

fons[1]) vivacissimae aquae per cannas ferreas in
lintrem spaciosissimum non sine leni prorumpit
murmure; adjacent prata. campi, montes, silvae, omnia
illa in ipso sunt obtuto,[2]) et ultro se apperienti fenestras, suavianda praebent: intus pictorum industria[3])
virescunt omnia, erumpunt flores, virent frondes,
pervagantur aves, ea demum arte constant omnia,
ut parietes undiquaque virere credas.

Ad orientem cubiculum est amplissimum arcis,
armariis, lectis, aliquaque supellectile industriosissimum.

Ad meridiem hypocaustum est[4]) haud exiguum,
totum ligneum, mira arte expolitum, pulcherrimis
fenestris conspicuum, tecto in arcum excavato, et
hoc solent excipi hospites, non usquequaque ignobiles.

Juxta quod haud magno intervallo patet aula[5])
vere regia, nou ita alta, ut spatiosa, qua nihil
potest aestivo tempore, ad sedandum nociviorem
aestum, vel cogitari jucundius. Patet inde ad Tu-
ginum montem, alpes et floribus desiderabiles cam-
pos prospectus. Patet leni aurulae aditus. Quid
vero multis? Tota — quanta quanta est — voluptatis
theatrum est. Occidens autem cubicula varie hos-
pitibus instructa tenet. Hanc vero structuram
omnem abbatiae titulo cognominant fratres.

Secundam partem id hypocaustum[6]) obtinet,
in quo solet totus fratrum coïre coetus. Quod si
ita foret pulchrum, ut alias est vetustum, esset
procul dubio excultissimum. Hactenus estubam
conventuse vocavimus. Ceterum hanc partem ita
occupat, ut post eam nihil sit calamo dignum.

Postrema et infima pars haud inelegantissima
est portio,[7]) iis tamen disposita, qui aliquando cor-
repti morbo a ceteris eo deferuntur, ne contagio
serpat longius; hypocaustum est additum cubiculo,
spectans orientem et ad dextram sacello[8]) pulcherrimo
junctum, Simoni et Judae sacrum, in capite rotun-
dum, alias qualrum, ara instructum, testudine
tectum, stratum caemento.

Ad sinistram carceres[9]) sunt, malorum ultores.

[1]) Fons. [2]) Pictura elegans. [3]) Hypocaustum abbatis.
[4]) Aula. [5]) Stuba conventus. [6]) infirmorum receptaculum.
[7]) Sacellum. [8]) Carceres. [9]) sic!

sprudelnden Wassers durch eiserne Röhren sich mit sanftem
Tieplätscher in ein weites Becken ergiesst. Daneben
liegen Wiesen, Felder, Berge, Wälder, all' das ist im
selben Anblick und bietet sich dem die Fenster öffnenden
von selbst zum Küssen dar. Inwendig beginnt alles durch
die Kunst der Maler[1]) zu grünen, es sprossen die Blumen,
es grünt das Laub, es fliegen Vögel herum, alles steht so
künstlich da, dass man glauben möchte, die Wände grünten
überall.

Oestlich befindet sich eine mit Truhen, Kästen, Betten
und anderm Geräth wohl ausgerüstete grosse Kammer.

Südlich liegt eine nicht geringe Stube,[2]) ganz getäfelt,
mit wunderbarer Kunst ausgearbeitet, mit sehr schönen
Fenstern und im Bogen gewölbter Decke; hier pflegt man
Gäste aufzunehmen, aber durchaus nur vornehme.

Nicht weit von ihr steht ein wahrlich königlicher Saal[3])
offen, nicht sowohl hoch als weiträumig. Etwas Ange-
nehmeres als diesen kann man sich nicht ausdenken, um im
Sommer die zu nachtheilige Hitze zu lindern. Von da ist
Aussicht auf den Zugerberg, die Alpen und blumenreiche
Felder. Offen ist der Zugang für ein sanftes Lüftchen. Was
braucht's noch mehr Worte. Alles — so vieles, vieles es
ist — ist ein Schauplatz des Vergnügens. Westlich aber
sind verschieden eingerichtete Kammern für Fremde. Diesen
ganzen Bau nun benennen die Klosterbrüder mit dem
Namen der Abtei.

Den zweiten Theil nimmt diejenige Stube[4]) ein, in
welcher die ganze Versammlung der Brüder zusammen-
zukommen pflegt. Wenn sie so hübsch wäre, wie sie ander-
theils alt ist, wäre sie ohne Zweifel sehr schön. Bis anhin
nannten wir sie „Konventstube". Das Uebrige in diesem
Theil ist derart, dass ausser dieser Stube nichts des Auf-
schreibens werth ist.

Der letzte und unterste Theil ist nicht die ansehnlichste
Abtheilung,[5]) welche für diejenigen bestimmt ist, die einmal
von Krankheit befallen, von den Andern hieher gebracht
werden, damit die Ansteckung nicht weiter schleiche.
Eine nach Osten schauende Stube stösst an das Schlafzimmer und ist zur Rechten mit einer sehr schönen
Kapelle[6]) verbunden. Diese ist dem Simon und Juda geweiht, im Chore abgerundet, im übrigen viereckig, mit
einem Altare versehen, gewölbt und mit einem Pflaster-
boden belegt.

[1]) Schöne Malerei. [2]) Abtsstube. [3]) Aula. [4]) Konventstube.
[5]) Krankensaal. [6]) Kapelle.

teterrimi odore, ac tenebris densissimi. Subjicitur his abbatis vinaria cella [1]) profundiore condita recessu, quae hoc potissimum nomine illustris est, quod quondam hermicolarum fuit domicilium.

Ad exitum hujus, qua solet inclinatus ferri sol, est et alia habitatiuncula, meridiem spectans, prioris spelea. [2]) cubiculum et hypocaustulum non ita altum neque spatiosum, quod olim fertur conventus fuisse hypocaustum.

Sed scio quod taedeat te taediosae descriptionis, quae ergo sunt reliqua, paucis perstringenda ex re tua fore putamus. Longum enim foret, si equorum stationes, culinam, balneorum lavacra, lanienam, officinas fabrorum omnes et alia multa aedificia, pari pergerem describere diligentia.

Potissima quae restant haec sunt: Ad orientem brumalem pistrina [3]) est, amplissima domo illustris, et ante eam molitorum officinae duae, [4]) singulis frumenti repositoriis superstructis, editis et amplis.

Ad meridiem horti sunt holeribus amoenissimi fere ad spatium duorum jugerum porrecti.

Porro ad occidentem domus est eorum, qui certa pecunia sibi in omnem prospexere vitam, quos alii vocarunt »praebendarios«, domus haud contemnenda, tribus aut quattuor conspicua habitationibus, cubiculis, hypocaustis et id genus similibus.

Septentrio servorum habet domum, [5]) vere magnificam, amplam et excelsam, sed non singulari industria interius compositam et cultam, quum minori pretio longe plures, nedum cultiores potuissent aedificasse habitationes.

Proximum illi est diversorium, [6]) hypocaustis, cubiculis instructissimum, elegans, amoenum, portae confine, a qua non modicum habet ornamenti, superstructas enim cum habeat habitationes, longe promovet prospectum et salubrem admittit auram.

A fronte qua respicit templum pomario viridatur, vitibus et prato, hortisque fertilissimis. Et haec quidem omnia, muro, [7]) per multos circumeuntem [8]) passus, includuntur.

[1] Cella vinaria. [2] Prioris habitatio. [3] Pistrina. [4] Molendina. [5] Servorum domus. [6] Diversorium. [7] Moenia. [8] sic!

Links sind die aufs Aeusserste stinkenden und dunkeln tiefsten Gefängnisse [1]), die Kächer des Bösen. Unter ihnen liegt der in grösserer Tiefe erstellte Weinkeller [2]) des Abts. Er ist vornehmlich um dessentwillen bekannt, dass er früher die Wohnung der Einsiedler gewesen war.

Beim Ausgang desselben, wohin die Abendsonne zu scheinen pflegt, ist noch eine andere kleine, nach Süden gerichtete Wohnung. Es ist das Obdach des Priors, [3]) bestehend aus einer Kammer und einem Stübchen, weder gar hoch noch gar weit, welches früher die Konventstube gewesen sein soll.

Aber ich weiss, dass du der langweiligen Beschreibung überdrüssig bist, was daher noch übrig ist, glaube ich, sei deinethalben mit wenigen Worten zu berühren. Zu weitläufig wäre es nämlich, wenn ich fortfahren würde, die Pferdestalle, die Küche, die Badzimmer, die Metzg, die Handwerkerwerkstätten und die vielen anderen Gebäude mit gleichem Fleisse zu beschreiben.

Das Bedeutsamste, was noch übrig ist, ist Folgendes: Südöstlich befindet sich die Bäckerei, [4]) durch die Grösse des Gebäudes bekannt, und vor ihr zwei Mühlen, [5]) jede mit darüber gebauten hohen und grossen Fruchtspeichern.

Südlich erstrecken sich beinahe über zwei Jucharten hin die durch Pflanzen anmuthigsten Gärten.

Ferner ist westlich das Haus für diejenigen, welche sich um eine gewisse Summe Geldes für's ganze Leben versorgt haben und welche man „Pfründer" nennt; ein nicht zu verachtendes Haus mit drei oder vier ansehnlichen Wohnungen, Schlafgemächern. Stuben und dergleichen.

Nördlich liegt das in der That grossartige, geräumige und hohe Gesindehaus, [6]) inwendig zwar nicht mit besonderer Kunst ausgehaut und ausgemacht, denn mit hätte man um weniger Geld wohl weit mehr, nicht aber schönere Wohnungen bauen können.

Unmittelbar daneben ist das Gasthaus, [7]) wohl ausgerüstet mit Stuben und Kammern, schön und anmuthig, an das Thor grenzend, von welchem es nicht geringe Zierde hat, da nämlich Wohnungen über dasselbe gebaut sind, dehnt es weithin die Aussicht aus und lässt gesunde Luft hinein.

Vorn, wohin die Kirche schaut, grünt es vom Obstgarten, von Weinreben, von der Wiese und von den fruchtbarsten Gärten. Und alles dieses nun ist rings von einer viele Schritte langen Mauer [8]) umschlossen.

[1] Gefängnisse. [2] Weinkeller. [3] Priorwohnung. [4] Bäckerei. [5] Mühlen. [6] Gesindehaus. [7] Gasthaus. [8] Mauern.

Gesammtanlage des Klosters.

Die Gesammtanlage Kappels entspricht in jeder Beziehung derjenigen der übrigen Cisterzienser-klöster, welche alle das Mutterkloster Citeaux zum Vorbild genommen haben. Dass die Anlage in ihrer Anlehnung der Bevölkerungszahl des betreffenden Klosters angepasst wurde, ist selbstverständlich; zwischen Clairvaux z. B. mit 700 Mönchen, Beben-hausen mit etwa 60 Brü-dern, und Kappel, wel-ches zu Bullingers Zeit 16 Mönchszellen enthielt, ist natürlich ein grosser Unterschied. Was dort in selbstständige Gebäude verlegt wurde, ist bei kleinen Klöstern oftmals unter einem Dache ver-einigt. Im Allgemeinen aber ist die Lage der einzelnen Bautheile ge-nau bestimmt.[1]

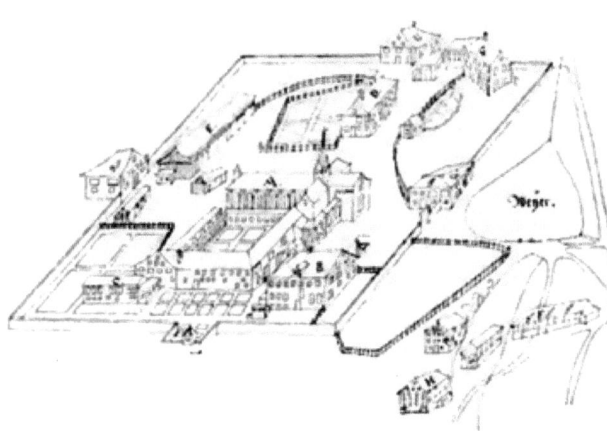

Fig. 3.

Das Klostergebäude und der Kreuzgang (Pl. I H) befinden sich ge-wöhnlich auf der Süd-seite[2] der mit viereckig abgeschlossenem Chor und Chorkapellen versehenen Kirche.[3] Der Ostflügel des Klosters enthält zunächst der Kirche die Sacristei (Pl. I D), dann den nach dem Kreuzgang geöffneten Kapitelsaal (Pl. I G), daneben entweder das Parlatorium oder die Bruderstube (Pl. I K). Im obern Stockwerk den Schlafsaal (Dormenter) (Pl. II b) und Mönchszellen (Pl. II h). In der Mitte des Süd-flügels, der Kirche gegenüber, und meist senkrecht dazu gestellt, liegt das Sommer-Refectorium (Pl. I M), vor demselben im Kreuzgang, nach dem Kreuzgarten hin ausspringend, ein oft kapellenartig überwölbter Brunnen. In Kappel fehlt dieser,[4] ausserdem liegt das Refectorium ungewöhnlicher Weise in der Gebäudeflucht parallel mit der Kirche. Oestlich vom Refectorium liegt die Wärmstube (calefactorium

[1] Vergleiche Dr. Ed. Paulus, die Cistern. Abtei Bebenhausen (Taf. II und III, S. 69—74). Dr. Ed. Paulus, die Cistern. Abtei Maulbronn, Taf. V und S. 93. Ansichten von Maulbronn, Citeaux Fig. 217 und 218, S. 96 und 97, J. R. Rahn, Gesch. der bildenden Künste in der Schweiz, Wettingen S. 174—177. Fig. 54 und 55.

[2] In Maulbronn liegen die Gebäude auf der Nordseite.

[3] Aus dem Kreuzgange führt zunächst des Querschiffes eine Thür für die Conventualen zum Mönchschor, eine andere zunächst dem Westabschluss führt in die Laienkirche und war für die Laienbrüder bestimmt. Diese Thür wird noch von Bullinger erwähnt, ist aber jetzt vermauert.

[4] Immerhin wäre es möglich, dass wie bei Wettingen, nur ein kleines Brünnlein bestanden hatte, da der Nordflügel des Kreuzgangs mit 10, dieser Südflügel aber nur mit 9 Glasgemälden ausgestattet war.

Pl. 1 L.) westlich die Küche (Pl. 1 V) und das Refectorium der Laienbrüder (Pl. 1 W), welches später meist in ein Winterrefectorium umgewandelt wurde. An einigen Orten lagen Winterrefectorium und Laienrefectorium nebeneinander, vielleicht auch hier. Unter dem Westflügel liegen die Keller (Pl. 1 O), darüber die Zellen der mit der Wirthschaft des Klosters betrauten Laienbrüder (conversi). Als zu Ende des XV. Jahrhunderts der Grad der Conversen verschwand, wurden die Räume meist anders benutzt; in Kappel wurden nach dem Brande Kornmagazine über dem Keller errichtet.

In östlicher Verlängerung des Südflügels trifft man oft ein zweites Klosterviereck mit Krankenhaus Conventstube, Gaststuben, und der Wohnung des Abts. Diess war z. B. in Wettingen der Fall.[1]) In Kappel genügte ein einziges Gebäude dafür.

Eine Mauer schloss das innere Kloster von den Wirthschaftsgebäuden ab.

Da die Cisterzienser durch die Ordensregel zu landwirthschaftlichem und Handwerks-Betrieb verpflichtet waren, welche den Laienbrüdern oblag, so sind alle Klöster dieses Ordens von einer Reihe von Wirthschaftsgebäuden umgeben, welche mit Mauern umzogen und durch einen Thorthurm gesichert sind. Kappel machte hievon keine Ausnahme.

Bullinger nennt neben Küche, Badstube, Metzg, welche wohl nicht vereinzelt angelegt waren, sondern sich zum Theil in dem Klostergebäude befanden, als selbstständige Wirthschaftsgebäude die Bäckerei, zwei Mühlen mit Fruchtspeichern, das Pfrundhaus,[2]) das Gesindehaus, und beim Thore, gerade wie zu Maulbronn, das schon 1258 als domus hospitum erwähnte Gasthaus. An der alten Umfassung befand sich, wie bei allen Klöstern des Cisterzienserordens, eine Kapelle, deren Lage unbekannt ist, welche im Jahre 1660 niedergerissen wurde.

Alle diese Gebäude sind heute verschwunden, die alte Umfassungsmauer, deren Gestaltung aus einem guten alten Plan (von 1661—1706, Staatsarchiv Zürich, Kappel No. 205 b) ersichtlich ist, wurde im Jahre 1706 niedergelegt und durch eine neue rechteckige Mauer ersetzt.[3])

Von der Gestalt des Thorthurmes giebt eine in der zweiten und den folgenden Auflagen von Stumpfs Chronik enthaltene Darstellung der Schlacht bei Kappel[4]) ein ungefähres Bild, ebenso die Bluntschli's Memorabilia Tigurina von 1712 und 1742 beigegebene (wohl über 1706 zurückgehende) Ansicht. Damals befand sich über dem Thore ein grosser von zwei Löwen gehaltener Zürcherschild, das sogenannte Zürichreich, welches 1655 von dem Maler Hans Georg Gyger erneuert worden war. — Vor dem Thor zog sich nach Bluntschli ein Wassergraben hin, über welchen eine Brücke führte.

Ein grosser, ausserhalb der Ringmauer liegender Weiher sammelte das zum Betrieb der Mühlen erforderliche Wasser, und lieferte den Mönchen die nöthigen Fische, deren sie um so weniger entbehren konnten, als ihnen bis 1471 der Genuss des Fleisches von vierfüssigen Thieren untersagt war.

Die Markuskirche lag nach Stumpfs Abbildung an der Stelle des heutigen Kirchhofs beim Lierenhof, dieselbe war mit dem landesüblichen Käsbissenthurm versehen.

---

[1]) J. R. Rahn, Geschichte der bildenden Kunst in der Schweiz, S. 175, 176.

[2]) In demselben lebte neben andern Pfründern, welche Abt Ulrich Trinkler in ziemlicher Anzahl aufgenommen hatte, zu Anfang des XVI. Jahrhundert Walther von Hallwil († 1513) und seine Gattin Elisabeth von Hegi. Mitth. III 1. S. 11.

[3]) Siehe Seite 233 (15) die Ansicht aus der Voglschau von 1776, Fig. 3.

[4]) In der Auflage von 1606, S. 548, 6, vergl. die stark verkleinerte Fig. 1, S. 221 (3).

Beschreibung
der Kirche und der Klostergebäude in ihrem jetzigen Bestande.
Von J. R. Rahn.

Die folgenden Aufzeichnungen wollen keinen höheren Anspruch als den eines einlässlichen Proto-
kolles über den heutigen Befund der Baulichkeiten erheben. Eine solche Darstellung schien aus doppeltem
Grunde gefordert zu sein: mit Rücksicht darauf, dass trotz der zahlreichen zerstreuten Abhandlungen,
welche über Kappel erschienen sind, eine zusammenfassende Schilderung der gesammten Anlage und der
in derselben enthaltenen Kunstwerke noch niemals veröffentlicht worden ist, und sodann im Hinblicke
auf die Fährlichkeiten und Umwandelungen, denen insbesondere die ehemaligen Conventgebäude durch die
Art ihrer Benutzung ausgesetzt sind. Eine actenmässige Trockenheit der Beschreibung möge der Leser
zu gute halten, weil sie durch die Natur der Aufgabe gefordert ist.

A. Die Kirche.

Das Langhaus ist dreischiffig und die Anlage der östlichen Theile entspricht den bekannten
Regeln der Cistercienserbauten: zwei Kapellen, die sich der Ostseite beider Querflügel vorlegen, schliessen
in gemeinsamer Flucht neben der halben Tiefe des viereckigen Chores ab. Auf den ersten Blick sind
zwei aus entlegenen Zeiten stammende Hauptbestandtheile zu unterscheiden. Ueber die Entstehung derselben klären die Nachrichten über die 1281 bis 1283 und 1345 bis 1349 vorgenommenen Weihen auf.
Vierung, Chor und Querflügel, die Erstere jedoch mit Ausschluss der gegenwärtigen Wölbung, sind im XIII.,
das Langhaus im folgenden Jahrhunderte errichtet worden. Jene sind in gleicher Höhe mit spitzbogigen
Kreuzgewölben bedeckt, wobei sich die gleiche Bildung der Dienste und Rippen wiederholt. Erstere
bestehen aus einem Eckpfeiler, dessen einspringenden Winkel eine Dreiviertelsäule füllt. Die attischen
Basen sind schwerfällig geformt und mit Eckblättern versehen, deren Stelle gelegentlich eine Maske ver-
tritt. Einfacher, als ungegliederte Eckpfeiler, sind nur die Dienste an der Schlusswand des südlichen
Querflügels gestaltet, dass aber auch hier eine reichere Form in dem ursprünglichen Plane gelegen hatte,
zeigt die dreitheilige Gesimsbildung über dem südöstlichen Eckkapitäl. Der Schmuck der Knäufe weist die
bekannten frühgothischen Formen auf: einfache und doppelte Blattreihen, die unter der hochgekehlten
Deckplatte mit übergeschlagenen Spitzen und Knollen ausladen. Nur die Kapitäle an der Nordseite des
Querschiffes weichen davon ab, indem sie dieselbe Häufung von Kehlen und Wulsten zeigen, die sich
über den westlichen Vierungs-Vorlagen wiederholt. Die Schildbögen sind einfach rechtwinkelig, die
halb achteckigen Diagonalrippen treffen mit runden Schlusssteinen zusammen, die im Chor das Agnus
Dei mit der Kreuzfahne, im nördlichen Flügel den Markuslöwen und im südlichen den Adler des
hl. Johannes umschliessen. Die Bögen, welche die Vierung begrenzen, sind, wie die bezüglichen Vor-

31

lagen, einfach gefalzt. Dazwischen nimmt jedesmal eine Dreiviertelssäule die Diagonalrippen auf. Ihr einfaches Kehlprofil und der reiche Blattschmuck des Schlusssteines, der eine bartlose Maske umkränzt, weist auf gleichzeitige Entstehung des Vierungsgewölbes mit den Gewölben des Schiffes hin. Ein grosses dreitheiliges Spitzbogenfenster nimmt die Schlusswand des Chores ein. Die Theilbögen und das Maasswerk, welches aus drei Rundpässen besteht, haben keine Nasen. Ihr Profil besteht aus zwei Schrägen,

die auf einem schmalen Plättchen zusammentreffen. Ein Rundstab auf attischer Basis rahmt in einem Zuge den Hauptbogen ein. Das übrige Gewände ist dürftig gegliedert. Zwei Stufen theilen den Chor in ungleiche Hälften ab. In der östlichen hatte der von Bullinger gepriesene Hochaltar gestanden.

Gleich dem Chore ist auch das Querschiff kahl geblieben. In den westlichen Schildbögen ist ein zweitheiliges Spitzbogenfenster und unter demselben der Durchgang nach den Abseiten angebracht. Gesimse und Basen der breiten und ungegliederten Vorlagen, welche diese Durchgänge begrenzen, zeigen dieselben Formen, die sich an den gegenüber befindlichen Kapelleneingängen wiederholen. Die Basen sind attisch, die krö-

Fig. 4.

nenden Gesimse aus Kehle, Wulst und Deckplatte gebildet. Ein zweites Fenster ist nur im Nordflügel angebracht; es nimmt über der Spitzbogenthüre die Schlusswand ein. Eine kleinere Pforte, die sich gegenüber im Südflügel befindet, hat nach Bullingers Bericht in das Benedictinum geführt. Höher¹). fast genau neben der unteren Peripherie des Zifferblattes, ist hart neben der Westwand die flachbogige Thüre vermauert, die mit dem oberen Stocke des anstossenden Klosterflügels in Verbindung stund. Eine steinerne Treppe, wie sie noch heute in den Cisterzienser-Kirchen von Wettingen und Hauterive zu sehen ist, hat an der Westwand des Querflügels zu derselben emporgeführt.

Die Kapellen vor den Querflügeln sind mit spitzbogigen Tonnen bedeckt, die sich unmittelbar aus den Wänden wölben. Ein zweitheiliges Spitzbogenfenster mit Formen, die auf einen Zusammenhang mit dem Umbau des XIV. Jahrhunderts deuten, nimmt jedesmal die Ostwand ein. Pfosten und Maasswerke sind wie diejenigen der Chorfenster profilirt, die Bögen und Püsse dagegen mit Nasen besetzt. Im hinteren Drittheile der Kapellen hatten eine Stufe höher die Altäre gestanden.

Die Schiffe sind in sechs Jochen mit Kreuzgewölben bedeckt. Zu dem malerischen Reize und der rüstigen Eleganz des Langhauses trägt ebensowohl die ungewöhnliche Höhe des Mittelschiffes und seine im Verhältnisse zu den Abseiten gesteigerte Breitenentwickelung, wie die eigenartige Bildung der Stützen bei. Mit den rechteckigen Pfeilern sind überkreuz vier Dienste verbunden. Ihre Basen sind aus einem hohen Sockel mit kräftiger Schräge, die schlanke Vorlage, welche die Rippen im Seitenschiffe aufnimmt, halb sechseckig mit schmaler Stirne gebildet. Der Uebergang vom Polygone zu dem kubischen Sockel ist ungleich gelöst: im südlichen Nebenschiffe wird er durch einfache Abkehlung der schrägen Wangen auf die Sockelkanten, im nördlichen Seitenschiffe dagegen, sowie an dem Westpfeiler der südlichen Reihe durch eine geschweifte und halbrunde Schildform vermittelt. Ein mässig hoher Hals, den ein sogenannter Wasserschlag und eine gekehlte Deckplatte begrenzen, versieht die Stelle des Kapitäles. Ausser den breiten ungegliederten Vorlagen nehmen auch die Ecken des Pfeilerkernes als Träger der Archivolten Theil. Diese sind mit einer breiten Leibung gebildet, die beiderseits mit zwei durch einen einspringenden Winkel getrennten Kehlen verbunden ist. Uebrigens sind auch hier wieder auffällige Unterschiede zwischen den Einzelnheiten der Gliederung an den beiden Bogenreihen wahrzunehmen. An den nördlichen Pfeilern setzt sich die innere Kehle in einem Zuge vom Sockel bis zu dem Bogenscheitel fort. Dieselbe Erscheinung wiederholt sich an der östlichsten Stütze des südlichen Nebenschiffes, wogegen die Vorlagen der übrigen Stützen die nämliche Bildung zeigen, die sich überall an dem Pfeilerkern wiederholt, und darin besteht, dass der Uebergang von dem Rechteck in die Kehle erst in Kämpferhöhe erfolgt. Die gleiche Lösung kehrt an den Vorlagen des Mittelschiffes wieder, die bis zum Beginne der Archivolten aus einem breiten Vierkant bestehen, worauf, bald mit einfacher Kehlung, bald mit runden oder geschweiften Schilden, der Uebergang zu der oberen Fortsetzung erfolgt, einem halben Sechsecke, aus dem sich unmittelbar die Rippen und Schildbögen lösen. An der Westwand setzen die Archivolten auf ungleich gebildeten Consolen ab. Zwei viereckige Pforten, die sich zu beiden Seiten der Westwand über den Archivolten öffnen, sind ohne Zweifel nur dazu bestimmt, den Raum über den Gewölben der Nebenschiffe zugänglich zu machen. Die Rippen und Schildbögen sind einfach gekehlt. An den Umfassungsmauern der Seitenschiffe heben sie auf zierlichen Consolen an, die theils verschiedene prismatische Bildungen, theils einen wechselnden Blattschmuck haben. Dieselben Zierden, Blumenbouquets und Kränze schmücken die kleinen Schlusssteine. Grösser und reicher sind diejenigen im Mittelschiffe ausgestattet, wo kreuzförmig angeordnete Blattbüschel

¹) Circa 4 Meter über dem Boden des Querschiffes.

aus einer mittleren Maske wachsen und der westliche Schlussstein das Bild des Löwen zeigt, der, mit
Anspielung auf die Auferstehung des Heilandes, seine dreitägigen Welfen durch Belecken zum Leben
erweckt[1]). Ein kräftiges Gesimse, das sich unter den Schildbögen zwischen den Wanddiensten hinzieht,
bildet die Basis der dreitheiligen Oberfenster, deren reiche und wechselnde Maasswerke an der Südseite bereits die sogenannten Fischblasen zeigen. Ueber dem geradlinig abgedeckten Westportale ist
ein hohes viertheiliges Spitzbogenfenster angebracht; zwei kleinere nehmen die Fronten der Abseiten ein.
Sie sind, wie die des nördlichen Seitenschiffes, zweitheilig gegliedert. Beide Nebenschiffe sind mit Thüren
versehen, die des nördlichen ist im zweitletzten Joche gegen Westen, im südlichen diejenige, welche in den Ostflügel des Kreuzganges führt, vor dem Querschiffe gelegen und eine zweite am Westende vermauert. Inwendig
sind die Thüren flachgewölbt, aussen dagegen spitzbogig und in einem Zuge mit dreifacher Kehle zwischen
Schrägen und Birnstäben profilirt. Im dritten Joche von Osten an war durch die ganze Breite des
Schiffes der Lettner geführt. Die Umfassungsmauern der Abseiten sind aus Bruchsteinen erbaut, das
Mittelschiff dagegen eine Quaderconstruction von sorglos gefügten Sandsteinblöcken, in welche zahlreiche
Steinmetzenzeichen, zumeist in Form von gothischen Majuskeln gemeisselt sind[2]).

Das Aeussere imponirt durch die schlanken Verhältnisse des Aufbaues, die leichte Erhebung des
Mittelschiffes und die elegante Form der steilen Giebel. In Allem prägt sich eine strenge, vornehme Grösse
aus, die auch in der Form und geschickten Anwendung der sparsamen Gliederungen zu Geltung kommt.

Die einzige Auszeichnung der Westfaçade besteht in dem hohen Mittelfenster, unter dem sich ein
Kaffgesimse um die Streben verkröpft und tiefer an den Fronten der Abseiten fortsetzt. Unter dem Haupt-
fenster öffnet sich eine Spitzbogenthüre; sie ist in einem Zuge mit geschweiften Birnstäben und Kehlen
gegliedert. Die Gliederung der Seitenschiffe beschränkt sich auf einen sogenannten Wasserschlag, der
sich als Basis der Fenster um die Strebepfeiler verkröpft. Darüber ist das Mittelschiff von schlanken
Streben begleitet, die eine Verstärkung durch die unter den Dächern der Seitenschiffe emporgeführten
Sparren erhalten (Fig. 4). Die Frontmitte der Strebepfeiler wird durch eine schräge Verdachung
bezeichnet, die Stirnen schliessen mit ganzen, die Wangen mit Halbgiebeln ab.

Auch die östlichen Theile sind vornehmlich aus Quadern gebaut, Bruchstein ist auf die West-
fronten der Querflügel und am Chore auf die westliche Hälfte der Seitenmauern beschränkt. Die Gliederung ist einfach, sie besteht aus Ecklesenen, die oben durch einen Spitzbogenfries verbunden sind. Nur
an den Giebelfronten fällt dieser Letztere weg. An der Westseite des nördlichen Flügels werden die
Kleinbögen von zierlichen Masken getragen. Die kräftige Böschung, mit welcher die Ecklesenen des
Chores anheben, wurde nachträglich erstellt, am nördlichen Querflügel dagegen ist sie ursprüngliches
Werk. An der Schlusswand dieses Letzteren fällt die zierliche Spitzbogenthüre auf. Die einspringenden
Winkel des Gewändes sind mit Dreiviertelssäulen ausgesetzt, über denen zwei Wulste das mit einem
Vierpasse durchbrochene Bogenfeld begleiten. Die Kapitäle haben denselben frühgothischen Blattschmuck,
der sich im Chore wiederholt. Aus dem Knaufe zur Linken springt die bärtige Maske eines Gekrönten
vor. Höher sind zwei über einander geordnete Spitzbogenfenster und zwischen denselben, unter der
Mitte des Giebels, eine mit Maasswerk ausgesetzte Rosette angebracht. An der Chorfronte wird der Sockel

[1]) Abgebildet in den Mittheilungen der Antiquarischen Gesellschaft in Zürich. Bd. III, Heft 1, Tafel II Fig. B.
vgl. dazu Rahn, Gesch. der bild. Künste in der Schweiz. S. 551, Note 1.
[2]) In den älteren östlichen Theilen sind solche nur an der Piscina des Chores — hier die öfters wieder-
holte Majuskel H — und die Buchstaben N und T in den unteren Quaderschichten zwischen den Pontificalsitzen und
der westlichen Vorlage zu finden.

durch Wandstreifen und Ecklesenen in drei Felder getheilt, über denen ein aus Kehle, Wulst und Deckplatte gebildeter Gurt die Basis des Fensters bezeichnet. Im übrigen sind diese östlichen Theile nicht
unberührt geblieben. Die schlanke Erhebung des neuen Schiffes forderte im XIV. Jahrhundert auch
zu einer Erhöhung des Chores und der Querflügel auf, ebenso hat wohl gleichzeitig die Errichtung eines
Obergeschosses stattgefunden, das sich über den Ostfronten der Querschiffkapellen mit zwei schmalen
Spitzbogenfenstern öffnet[1]. Die ursprüngliche Fronthöhe dieser Kapellen zeigen der Ansatz eines Schräg-
gesimses an der Nordseite des Chores und die Consölchen an, die zur Aufnahme der alten Kleinbögen
dienten. Auch das obere Auflager der alten Bedachung ist nachzuweisen; es wird durch den schrägen
Ansatz eines Gesimses bezeichnet, der aus der Nordostkante des Querhauses vorspringt. Die nachträglich erbauten Obergeschosse stimmen mit einer Einrichtung überein, die in Wettingen wiederkehrt.
Ihr Aufbau über den nördlichen Kapellen ist ein kahler Raum, der ehedem eine circa 3 Meter hohe
Balkendiele hatte. Der ursprüngliche Zugang war eine viereckige Thüre, zu welcher, wie dies noch
heute in Wettingen der Fall ist, vom Querschiffe eine Treppe emporgeführt haben muss. Diese Thüre,
die sich am Nordende der Westwand befindet, ist heute vermauert und der einzige Zugang eine niedrige
Pforte geblieben, die sich in der Nordwestecke des Chores über dem Gewölbe öffnet. Der entsprechende
Hochbau über der südlichen Kapelle, zu dem man durch die ehemaligen Conventgebäude gelangt, scheint
als Archiv gedient zu haben. Der schwerfällige Dachreiter, der sich über der Vierung erhebt, ist eine
neuere Construction[2].

Ueber die Ausstattung der Kirche hat Bullinger werthvolle Aufzeichnungen hinterlassen.
Der Anblick dieses Inneren muss von bestrickendem Reize gewesen sein. Dürftige Spuren von Wand-
malereien und die nördlichen Oberfenster des Mittelschiffes sind heute die einzigen Ueberreste des farbigen
Schmuckes geblieben. Bullinger hat noch das Chorfenster und die Glasgemälde des Querschiffes gesehen.
Von dem Hochaltare wird gemeldet, dass er Seinesgleichen in helvetischen Landen nicht leicht gefunden
habe; die ganze Folge der Chorstühle und der Lettner sind damals noch unberührt gewesen, er führt
Grabmäler und Gedächtnisstafeln an, die nicht mehr existiren und gleichwohl hat schon damals nur noch
ein geringer Theil der ursprünglichen Zierden bestanden. Wie reich sie waren, geht aus dem Berichte
eines Zeitgenossen über die Verwüstung im alten Zürichkriege hervor: »hundert und zwentzig Herren-
schilt vnd helm, so in der kirchen ob den grebern stunden,« sind damals herabgeworfen und den Flammen
übergeben worden.[3]

Wir bescheiden uns, die Einrichtungen und Zierden zu beschreiben, welche zur Stunde noch erhalten
sind. Für den Altardienst waren ausser den Priestersitzen die Piscinen und eine Anzahl viereckiger
Wandgelasse bestimmt. Die Piscinen waren für den Priester zum Waschen der Hände und zum
Reinigen der hl. Gefässe nach dem Messopfer bestimmt. Sie sind als viereckige Nischen m. 0.90 bis
m. 1,10 über dem Fussboden im drittletzten Joche des südlichen Seitenschiffes sowie an der Südwand
des Chores und der Querschiffkapellen und zwar in der östlichen Abtheilung angelegt, wo die Altäre

[1] Vgl. die von Franz Hegi gezeichnete Ansicht des Chores in den Mittheilungen der Antiquarischen Gesellschaft Bd. II. Heft 1. Taf. I.

[2] Die unzuverlässige Ansicht in Bluntschli's Memorabilia Tigurina 1742 zeigt an Stelle desselben ein
Thürmchen von achteckiger Form. Genauer ist die Abbildung in Stumpf's Chronik.

[3] Anzeiger für Schweizerische Geschichte. Bd. I. 1872. No. 3. p. 230.

gestanden hatten. In den Boden dieser Nischen sind jedesmal zwei vierblätterige Becken mit einem mittleren Ausgusse vertieft. Eine künstlerische Ausstattung weist nur die Piscina des Chores auf. Ihre Anlage besteht aus einer Doppelnische mit waagrechter Verdachung, über der sich ein tiefer Spitzbogen wölbt. Die Fronte desselben ist mit zwei durchbrochenen Nasenbögen ausgesetzt, zwischen denen sich ein runder Vierpass öffnet. Nur die westliche Nische ist mit Piscinen, die Steindecke beider Abtheilungen dagegen mit einem Loche versehen, das wohl zur Aufnahme des Henkels für eine Hängelampe bestimmt gewesen ist. Unmittelbar vor dieser Piscina befinden sich die reichen Pontificalsitze, oder das Presbyterium, eine hohe dreitheilige Nische mit Sitzplätzen, die der Messpriester und seine beiden Ministranten während des Chorgesanges einzunehmen pflegten. In der Schweiz steht dieses schmuckvolle Werk mit seinen halb-romanischen Zierraten einzig da; es mögen aber auch sonst dergleichen Einrichtungen aus frühgothischer Zeit nicht zahlreich erhalten sein. Einer näheren Beschreibung mag uns die nebenstehende Abbildung Fig. 5 entheben.

Endlich sind drei kleinere Nischen von rechteckiger Form in der Mitte der Ost- und Nordwand, sowie am Westende der südlichen Chormauer angebracht, hier mit Falzen versehen, die zur Aufnahme

Fig. 5.

eines hölzernen Zwischengestelles dienten. Eine gleiche Nische befindet sich neben der westlichen Vorlage an der Schlusswand des südlichen Querflügels. Höhere Wandgelasse von gleicher Form, die mit Doppelthüren geschlossen werden konnten, sind in der westlichen Hälfte der Querschiffkapellen, in der nördlichen Chorwand gegenüber der Piscina und in der südlichen hinter derselben angebracht. Unbekannt ist die Bestimmung einer länglich rechteckigen Nische, die sich über einem Kehlgesimse an dem Stirnpfeiler zwischen den südlichen Querschiffkapellen befindet.

Wie bei den meisten Cistercienserkirchen war dem Laiengottesdienste nur ein verhältnissmässig kleiner Theil des Schiffes eingeräumt. Bis über die Mitte des zweiten Joches reichen die Chorstühle hinaus. Dann folgte der nicht mehr vorhandene Lettner, eine steinerne, hüben und drüben mit Bögen geöffnete Querbühne, die, vermuthlich noch über das zweite Stützenpaar vorspringend, die ganze Breite des Langhauses eingenommen hat.

Dem folgenden Pfeiler legt sich gegen die Südseite des Mittelschiffes die Kanzel vor. Brüstung und Schalldeckel sind mit derben Schnitzereien im Hochrenaissancestile des XVII. Jahrhunderts geschmückt. Der Unterbau mit der Steintreppe, der spiralförmig gekehlten Säule und der dreiseitig vorspringenden Fussplatte für die ursprünglich kleinere Kanzel dagegen sind spätgothische Steinmetzenarbeit. An der Fronte des Säulenkämpfers ist mit arabischen Ziffern das Datum 1527 eingemeisselt. Spuren von Roth und Blau, die in den Kehlen wechseln, lassen auf ehemalige Bemalung schliessen. Das Datum des folgenden Jahres trägt der schmucklose Taufstein, der vor der Kanzel in der Mitte des Schiffes steht. Fuss und Untertheil der senkrechten Kufe sind concav geschweift und beide von achteckiger Form. An der Fronte der Kufe ist unter der Jahreszahl der Reliefschild von Citeaux angebracht.

Ueber die Wandgemälde braucht hier nur in Kürze gehandelt zu werden, weil ein ausführlicher Bericht über dieselben im Anzeiger für schweizerische Alterthumskunde veröffentlicht worden ist. [1])

Die Mauern zunächst, welche die Rückseite der beiden Chorstuhlreihen bilden, hat man vermuthlich zu Anfang des XVI Jahrhunderts mit einer auffälligen Musterung von grauen und weissen Rauten bemalt. Sie ist im Jahre 1875 auf Grund von umfangreichen Resten erneuert worden. Gleichzeitig mit diesen Mustern mag die Einfassung der Kapelleneingänge und der grossen Schildbögen mit einem braunrothen Perlsaume entstanden sein. Derselbe Zierat wiederholt sich in den Seitenschiffen, während zierliche Bouquets, welche unter den Gewölbeconsolen deren Blattschmuck parodirten, bei der famosen »Restauration« von 1876 übertüncht worden sind. Von der Polychromie der Schlusssteine sind nur geringe Spuren erhalten geblieben. Ihr greller Schmuck und die Bemalung der Rippenanstösse, für welche die entsprechenden Zierden im Prediger-Chore in Zürich als Vorlagen dienten, sind wie der blau und roth gestirnte Schmuck des Chorgewölbes neu.

Während die übrigen Theile des Langhauses wohl von jeher farblos waren, hat vermuthlich schon im XIII. Jahrhundert eine ausgiebige Bemalung der östlichen Parthien stattgefunden. Es zeigt diess ein grosser bartloser Kopf, welcher in der dem Chore zunächst gelegenen Kapelle des nördlichen Querschiffes in der Mitte des südlichen Gewölbetheiles unter der Tünche hervorschaut und romanischen Charakter trägt. Die übrigen Malereien sind im XIV. und XV. Jahrhundert entstanden.

Zu den ältesten gehören die Bilder, welche die vor den Querflügeln gelegenen Kapellen schmücken. Sie sind vermuthlich in der zweiten Hälfte des XIV. Jahrhunderts, und zwar, wie ihre gleichmässig wiederkehrende Anordnung zeigt, in einem Zuge geschaffen worden. Jeder dieser vier Räume hatte als

---

[1]) Jahrgang 1884, pag. 43 u. f., 63 u. f., 90 u. f.

Erbbegräbniss einer oder mehrerer Familien gedient, welche das Stift zu seinen Wohltätern zählte. Von den nördlichen Kapellen war die äusserste dem hl. Nikolaus geweiht; sie enthielt die Gruft der Edeln von Baldegg. Die zweite, neben dem Chor gelegen, war die den Boustetten und Seon gehörige Johanneskapelle. Gegenüber, an der Südseite des Chores, folgte die Kapelle SS. Peter und Paul mit den Grabstätten der Uerzlinkon, und schliesslich die dem hl. Stephan geweihte Kapelle der Gessler. Diese sämmtlichen Räume nun waren nach einheitlichem Systeme mit Bildern und Decorationen geschmückt, welche Letztere nach rhythmischen Gesetzen derart wechseln, dass die Gewölbe der beiden inneren Kapellen einfach gestirnt, die der äusseren dagegen mit einer rautenförmigen Musterung bemalt gewesen sind. Regelmässig wiederholt sich ferner die Anordnung einzelner Heiligenfiguren — zumeist der Titularpatrone — an den Fensterleibungen und den anstossenden Stirnseiten, ein Bilderfries, der an den Langwänden das Auflager des Gewölbes bezeichnet und eine weisse Draperie, welche die unter diesen Streifen befindlichen Flächen belebt. Der Stil des XV. Jahrhunderts prägt sich in charaktervollster Weise aus. Wie die Plastiker und Glasmaler dieser Zeit sie darstellten, sind die Figuren in einer eigenthümlich geschwungenen Haltung aufgefasst. Sie haben schmale Schultern und Hüfte und lange, magere Arme. Ebenso bezeichnend sind die unverhältnissmässig grossen Köpfe mit den weich und wellenförmig stilisirten Haaren, der feinen Wangenlinie und den lang geschlitzten Augen; die Zeichnung der Hände endlich, die mit spindeldürren, an den Enden klumpig aufgetriebenen Fingern erscheinen. Die Gewänder sind einfach, aber geschickt in lange schneidige Falten geworfen. Die Ausführung ist eine vorwiegend zeichnerische. Auf dem meistens farblosen Grunde wurden die Gestalten mit mennigrothen Linien entworfen[1] und sodann mit glatten Tönen bemalt. Auf eine Modellirung mit Schatten ist vollständig verzichtet und die Palette auf die bescheidenste Auswahl von Farben beschränkt.

Bis zum Jahre 1875 sind nur die Malereien in den südlichen Kapellen sichtbar gewesen, dann hat man auch die anderen von der Tünche befreit. So gründlich zerstört sind aber diese Schildereien zum Vorschein gekommen, dass ihr Inhalt nur in der dem Chore zunächst gelegenen Johanneskapelle gedeutet werden konnte. Die des nördlich anstossenden Raumes waren bis auf wenige Figurenreste und die darüber befindlichen Wappenschilde zerstört. Etwas besser ist der Schmuck der folgenden Johanneskapelle erhalten. Das Gewölbe war auf weissem Grunde gelb und blau gestirnt. Darunter sind auf dem Streifen an der Nordwand die Marter der Titularpatrone gemalt: der Tod des Täufers, dessen Haupt die Tänzerin dem Königspaare überbringt, und zwei Scenen aus der Legende des Evangelisten: er wird in Oel gesotten und ruft durch Auflegen seines Gewandes zwei Todte ins Leben zurück, die an einem Gifttrunke gestorben waren.[2] Der Fries gegenüber stellt die thronende Gestalt des Heilandes dar, dem sich von beiden Seiten die klugen und thörichten Jungfrauen nähern. Von den Gestalten der Titularpatrone, welche unter Spitzgiebeln die Schlusswand zu Seiten des Fensters schmücken, sind nur geringe Spuren zu sehen. Der Südseite des Chores schliesst sich die Peter- und Pauls-Kapelle an. Auch hier sind zu Seiten des Fensters die statuarischen Gestalten der Titularpatrone gemalt. Zierliche Ornamentbordüren begrenzen die Friese, welche das weisse mit blauen und rothen Sternen geschmückte Tonnengewölbe aufnehmen. Jeder dieser Streifen enthält sechs Rundmedaillons, welche die Halbfiguren von

---

[1] So consequent ist Mennig für die Umrisse verwendet, dass sie sogar in dunkelvioletter Umgebung mit dieser Farbe ausgespart worden sind.

[2] Näheres hierüber im Anzeiger l. c. pag. 90 mit Abbildung auf Taf. VI.

Propheten und Evangelisten mit den Köpfen ihrer emblematischen Thiere umschliessen.[1] So unberührt ist endlich der Schmuck der vierten Kapelle geblieben, dass diesem kleinen Raume mit seinen charaktervollen Wand- und Gewölbemalereien eine hervorragende Stellung unter den schweizerischen Denkmälern des Mittelalters gebührt. Alle Theile sind geschmückt. (Taf. I.) An den Leibungen der Halbpfeiler, mit denen sich der Eingang öffnet, weist das streng stilisirte Wappen der Geissler auf die ehemaligen Inhaber dieser Kapelle hin. Dieselben Zeichen, Schild und Kleinod, sind abwechselnd in der netzförmigen Musterung des braun-rothen Gewölbes vertheilt. Beiläufig sei hier der eigenthümlichen Zersetzung der Pigmente gedacht; sie hat auch die Aufmerksamkeit von Naturforschern erregt.[2] Unter diesen eigenartigen Gewölbedecorationen ziehen sich zwei lange Streifen hin; derjenige zur Linken zeigt die Apostel, die sich in zwei Chören einer Mittelgruppe, dem Gekreuzigten zwischen Maria und dem Evangelisten Johannes, zuwenden. Eine Folge von männlichen und weiblichen Heiligen nimmt den Streifen gegenüber ein.[3] sie schliesst mit der knieenden Gestalt eines Königs, der zu dem Anbetungsbilde neben dem Fenster gehört. Das Gegenstück zu dieser Gruppe ist die Figur des hl. Christophorus, die zwischen dem Fenster und der Nordwand steht. Gegenüber sind an den Fronten der Eingangspfeiler zwei Engel gemalt, die stehend jeder einen Leuchter halten.

Reste gleichzeitiger Malerei sind auch sonst noch erhalten. Nur in dem eben genannten Raume sind die unteren Wandflächen leer geblieben. An der Nordseite der übrigen Kapellen dagegen ist jedesmal ein mittleres Rundmedaillon angebracht, das auf blauem Grunde die Halbfigur eines Heiligen enthält. Daneben ist in der Peter- und Pauls-Kapelle das zierliche Bildchen der thronenden Gottesmutter unter einem Baldachine gemalt. Ausserdem scheint hier auch die Südwand mit einer Folge von Einzelfiguren geschmückt gewesen zu sein, deren Nimben unter dem später aufgemalten Teppichbehänge hervorlugen.

Vereinzelte Bilder aus dem XIV. Jahrhundert finden sich ferner im Nordflügel des Querschiffes und im Chore; dort in dem Schildbogen der Schlusswand die grosse Figur des hl. Martin, der zu Pferd mit dem verkrüppelten Bettler seinen Mantel theilt[4] und hier die Halbfiguren S. Peter's und eines unbekannten Heiligen, die an dem unteren Theil der westlichen Vorlagen von Rundmedaillons umschlossen sind.

Die übrigen Malereien sind Werke des XV. Jahrhunderts: an der Mitte der nördlichen Chorwand das grosse von einem viereckigen Rahmen umschlossene Bild der Madonna in throne und an der westlich folgenden Vorlage die hoch oben angebrachte Halbfigur eines Engels im Diakonengewande. Er hält einen lang herabhängenden Teppich, der auf blauem Grunde mit gelben Kreuzen gemustert ist und wohl als Hintergrund einer grossen Schnitzfigur diente. Eine unter dem Teppich befindliche Minuskelinschrift ist, wie das gleichzeitige Schrifttäfelchen an dem gegenüber befindlichen Pilaster, zerstört.

Erst zu Anfang des XVI. Jahrhunderts sind sodann zwei Bilder entstanden, die sich an den Schlussfronten der beiden Querschiffflügel befinden: im nördlichen unter dem Martinsbilde die Alliance-

---

[1] Abgebildet l. c. zu pag. 91.

[2] „Von einer ähnlichen Verwandlung von Mineralstoffen bemerkte Volger ein Beispiel in der Kirche zu Kappel (zwischen Zürich und Zug), wo auf den Wandgemälden die blaue Farbe der Kupferlasur (Kupferoxydhydrat) in die grüne des Kupferoxydes (Malachits) übergegangen war, und die braune des Brauneisensteins in die rothe des Rotheisensteins, ein Beleg, dass auch unter künstlichen Verhältnissen dieselben Wandlungen wie in der Natur vor sich gehen." Friedrich Mohr, Geschichte der Erde, 2. Auflage. 1875. S. 403/4. Cap.: Kreislauf der Eisenoxyde.

[3] Abgebildet im Anzeiger l. c. Taf. IV.

[4] Anzeiger l. c. Taf. VIII.

Wappen der Baldegg und Arberg, die, auf grünem Grunde viereckig umrahmt, eine Spitzbogenblende bekrönen, und gegenüber, wo das Zifferblatt der von Bullinger gepriesenen Uhr aus der Tünche hervorschaut, die stehende Figur der Madonna und des hl. Bernhard. In derselben Zeit mögen die schwerfälligen gelb und weiss gemalten Draperien entstanden sein, welche die unteren Wandflächen der Querschiffkapellen schmücken, während die an den Eingängen gemalten Wappen auf eine noch spätere Epoche, vermuthlich das XVII. Jahrhundert, deuten.[1] Nur ein einziges Wappen weist ausser dem heraldischen Schmucke der Gesslerkapelle auf das XIV. Jahrhundert zurück, es ist das Friedlingen'sche, das den westlichen Pfeiler an der Südseite des Hauptschiffes schmückt. Der geneigte Spitzschild ist von dem Topfhelme überragt, hinter welchem von dem Kleinod eine kurze gezackte Helmdecke von gelber Farbe herunterschwebt.

Dem schönsten Schmucke, welchen die Kirche besass, den Glasgemälden, haben Zeit und Menschenhände übel mitgespielt. Schon im alten Zürichkriege (1436—1444) hatte ein Theil dieser Zierden seinen Untergang gefunden. Andere, darunter das grosse Chorfenster, sind nach der Schlacht von Cappel (1531) zu Grunde gegangen. Endlich fällt wohl die grösste Schuld den folgenden Generationen zur Last, die sorglos die dringendsten Reparaturen versäumten, so dass von all der früheren Pracht nur die fünf in den nördlichen Oberlichtern des Mittelschiffes befindlichen Fenster der Zerstörung entgangen sind. Ihr Stil weist auf die zweite Hälfte des XIV. Jahrhunderts hin, sie sind also ohne Zweifel im Zusammenhange mit dem Neubau des Schiffes entstanden.

Zwei Pfosten theilen die Fenster in drei Theile ein, deren jeder der Höhe nach in ebenso viele Felder zerfällt. In dem mittleren Felde ist jeweilig die Gestalt eines Heiligen von einem reichen Baldachine überragt, der die ganze Höhe des oberen Drittels einnimmt, während die unteren Felder eine bunte Musterung von stets wechselnden Formen und Farben füllt. Nur in dem der Vierung zunächst befindlichen Fenster sind auch diese untersten Theile mit Figuren geschmückt. Der Grund, von dem sich die Gestalten abheben, ist ein Rautendamast, dessen Musterung die bleierne Fassung und die mit Schwarzloth aufgemalten Ornamente bilden. Die Lokalfarbe ist einheitlich roth oder blau, derart wechselnd, dass Erstere den Grund der mittleren und Blau die Folie für die seitlichen Figuren bildet, während das folgende Fenster die umgekehrte Farbenstellung zeigt. Erst in dem östlichen Fenster hört dieser Wechsel auf; der Grund der sämmtlichen Felder ist hier blau.

Die Gestalten sind gewöhnlich ohne gegenseitigen Zusammenhang auf dem gleichen Plane neben einander geordnet. Nur zweimal, im östlichen und dem letzten Fenster gegen Westen, sind die Figuren zu historischen Gruppen verbunden. Hier sieht man den Auferstandenen, der dem zur Rechten sich nahenden Thomas die Wundmale zeigt, in dem östlichen Fenster den Gekreuzigten zwischen Maria und Johannes, darunter die Madonna mit dem verkündenden Engel, hinter welchem anbetend ein Ritter, vermuthlich Walther IV. von Eschenbach (1299—1310) kniet. Unter den übrigen Gestalten erkennt man Apostel und andere männliche Heilige,[2] die Madonna, die zwischen dem Nährvater Joseph und

[1] Sie sind abgebildet in den Mittheilungen der antiquarischen Gesellschaft Bd. III, Heft I, Taf. II. Kapelle S. Nikolaus: an der nördlichen Vorlage Baldegg, gegenüber Arberg. Johanneskapelle: an beiden Vorlagen das Wappen der Bonstetten. Kapelle SS. Peter und Paul: Nördliche Vorlage Schwarzenberg, südliche Oerzlikon. Im Chor an der südwestlichen Vorlage das gevierte Wappen der Schwarzenberg und Rüssegg.

[2] Fenster I von Westen Christus und Thomas; S. Johannes Evangelista (?), II ein bl. Abt in purpurnem Mönchshabit (S. Benedict oder Bernhard?) zwischen zwei Bischöfen; III S. Johannes Baptista zwischen einem Apostel links und einem Könige rechts, der ein Lilienscepter und einen ciboriumsähnlichen Becher hält; IV Die Madonna mit dem Kinde zwischen S. Joseph und einem jugendlichen Apostel. Das V. Fenster ist abgebildet in den Mittheilungen der antiquarischen Gesellschaft Bd. II, Heft I, Taf. II.

einem jugendlichen Apostel steht; sie hält das Knäblein auf den Armen, das begierig nach einem ihm von der Mutter dargebotenen Apfel greift. Diese letzteren Gestalten ausgenommen, die augenscheinlich von einer geübteren Hand entworfen wurden, ist der künstlerische Werth der Figuren auffallend gering. Sie zeigen, verglichen mit denjenigen auf den Glasgemälden von Königsfelden, einen grossen Rückschritt, der sich insbesondere in den viel zu kurzen Körperverhältnissen und einer gewaltsam gewundenen, zuweilen förmlich geknickten Haltung äussert. Geradezu hässlich ist die Behandlung der Füsse, die, als ob sie verkrüppelt wären, in voller Ansicht auf den Kanten stehen. Das Bestreben des Künstlers scheint überhaupt nicht sowohl auf sorgsame Durchführung des Einzelnen, als vielmehr nur darauf gerichtet gewesen zu sein, eine möglichst glänzende und farbenprächtige Gesammtwirkung zu erzielen, daher auch das kokette Spiel der Gewänder, die bunt gefüttert einen beständigen Wechsel verschiedenfarbiger Theile zeigen. Das höchste Lob gebührt den Buntmustern, welche die unteren Felder füllen, und den prächtigen Architekturen, die sich gelb oder weiss von einem glatten Grunde abheben. Der Letztere zeigt dieselben Farben wie der Damast der mittleren Felder, nur in umgekehrter Stellung. Auch hier hat der Künstler auf die Nachahmung wirklicher Architekturen verzichtet, daher die Kraft der Farben und die luftige Klarheit des Aufbaues, zu dem sich diese Bekrönungen trotz ihrer Grösse und des Reichthums vielgestaltiger Theile verbinden.

An einem Pfeiler der Kirche hatte Bullinger unterhalb eines vorzüglichen alten Tafelgemäldes mit den Bildern der Stifter von Kappel ein mit Glas bedecktes, 1434 gemaltes Blättchen gesehen, auf welchem deren Namen verzeichnet waren. Wir vermuthen, dass dieses Namensverzeichniss zu einer Tafel gehörte, die sich jetzt in der Sammlung der antiquarischen Gesellschaft in Zürich befindet.[1]) Diese grosse auf Holz gemalte Darstellung zeigt sieben ritterliche Gestalten, die alle knieend nach links gewendet sind. Sie stellen den Stifter und dessen Nachkommen aus dem Hause der Eschenbach und Schnabelburg vor. Vor jeder Figur steht der Schild dieses Geschlechtes. Zu Seiten des Ahnen sind im Hintergrunde die Klosterkirche von Kappel und die Schnabelburg gemalt. Zwischen den beiden ersten Söhnen ist mit arabischen Ziffern das Datum 1434 verzeichnet. Die Anlage des Bildes mag aus diesem Jahre stammen, aber sie hat eine plumpe Uebermalung erlitten, die vermuthlich im XVII. Jahrhundert vorgenommen wurde, als man der Tafel die Fussleiste mit den modernen Inschriften beifügte.

Und noch ein kostbarer Besitz ist der Kirche in den frühgothischen C h o r s t ü h l e n verblieben. (Fig. 6.) Sie sind nächst denen in der Franziskanerkirche zu Freiburg und den Bruchstücken solcher, die aus der Kathedrale von Lausanne in die Schlosskapelle von Chillon gerettet wurden, die einzigen Werke dieser Art, welche die Schweiz aus dem XIII. Jahrhundert besitzt. Sie bestehen aus Eichenholz und sind in zwei einfachen Reihen aufgestellt, die von dem Chorbogen bis zur zweiten Pfeilerstellung des Schiffes reichen.[2]) Die Vorderstühle fehlen, nur die Hinterstühle, auf beiden Seiten je 17, sind in

---

[1] Katalog der Sammlungen der Antiquarischen Gesellschaft in Zürich. III. Theil. Mittelalterliche Abtheilung. Zürich 1890, pag. 26. No. 11. Eine klägliche Abbildung dieser Tafel findet sich bei J. Müller, Merkwürdige Ueberbleibsel von Alter-Thümeren der Schweiz. III. Theil. Zürich 1775, zu Pag. 14 Sie ist nicht viel besser wiederholt bei J. J. Simler, Sammlung alter und neuer Urkunden zur Beleuchtung der Kirchen-Geschichte vornehmlich des Schweizer-Landes. Bd. II. 2. Theil. Zürich 1760, zu Pag. 402. Ueber den ehemaligen Standort der Tafel heisst es l. c. pag. 401: „quae in templo adfixa ad columnam t a b u l a, fundatorum v e t u s t a p i c t u r a insigni, in schedulis vero vitro tectis et anno 1434 depictis sic legimus . . . ."

[2] Einzelne Details, von F r a n z H e g i gezeichnet, finden sich in den Mittheilungen l. c. Bd. III. Heft 1. Taf. II. Fig. B und C.

32*

ihrer ursprünglichen Vollzahl erhalten. Von den westlichen Schlussfronten sind nur noch Ansätze vorhanden, an der nördlichen Stuhlreihe derjenige eines blinden Spitzbogens, an der südlichen der Hintertheil eines Thieres (Drachen?). Die übrigen Zierden sind theils abgeschrotet, theils das ganze Holzwerk entfernt. Zwischen den östlichen Schlussfronten und dem Chore öffnen sich die Durchgänge nach den Querschiffflügeln. Sie bestehen aus einem kleeblattförmig gebrochenen Spitzbogen, der von einfachen Dreiviertelssäulen getragen wird. Die Mitte des Säulenschaftes war mit einem Ringe unterfangen. Die Basen bestehen, wie alle Säulenfüsse des Chorgestühles, aus zwei platten unmittelbar aufeinander liegenden Wulsten. Die Knäufe

Fig. 6.

sind Kelchkapitäle mit viereckiger Deckplatte und einem stets wechselnden Schmuck von realistisch gebildeten Blattbüscheln. Auf den Kapitälen steht jedesmal die bekleidete Figur eines Mannes, der in gebückter Haltung, die eine Hand auf's Knie gestemmt, die innere Leibung der Halbbogen begleitet. Der darauf folgende Spitzbogen war mit Nasen besetzt. Darüber erhebt sich ein Spitzgiebel. Er ist mit Krabben versehen, die Kreuzblume fehlt. Sehr wohl dagegen sind die zwischen Giebel und Spitzbogen befindlichen Füllungen erhalten, eine männliche Maske, aus welcher drei Blätter in die Zwickel wachsen.

Die östlichen Schlussfronten der beiden Stuhlreihen sind unten mit blindem Maaswerke geschmückt, über dem sich eine flache Kehle zur schmalen Hochwange aufschweift. Sie ist mit einem wellenförmigen Ornamente von Blatt- und Weinranken geschmückt, die unten aus einem männlichen Profilkopfe wachsen. Eine zweite darüber folgende Kehle rollt sich unten mit einer Doppelspirale auf und springt in halber Höhe mit einer Nase vor, die vor der nördlichen Wange einen Blattbüschel treibt. Zwei Füsse, die auf diesem letzteren stehen, deuten darauf hin, dass ein Figürchen die schräge Verdachung trug. Der südlichen Hochwange war die Figur eines Löwen vorgesetzt, der die auf den Spiralen ruhenden Welfen beleckt. Die Stirne des Sockels begleitet ein schlankes Säulchen mit Schaftring und Blattkapitäl, über welchem eine Maske die Spirale trägt. Die Wangen, welche die Sitze trennen, sind im Viertelskreise gebildet und mit einem energischen Profile besetzt, das über dem massiven Sockel auf einem Säulchen anhebt und oben zumeist in einer einfachen Spirale, seltener mit einem Blattknaufe oder einem menschlichen oder thierischen Gebilde (zerstörter Thierkopf, hockender Vierfüssler, männliche Büste mit Tuchhaube, Löwen- und Affenkopf) endigt. Dahinter nimmt ein kurzes Dreiviertelsäulchen die halbrund vorspringenden, mit Wulsten und Kehlen doppelt profilirten Stützbretter auf. Die Misericordien sind ohne Ausnahme schmucklose Prismen. Die Hochwände sind mit einfachen Halbsäulen gegliedert. Ein Schaftring theilt sie in der Mitte ab. Die Kelchkapitäle haben runde Deckplatten und einen Schmuck von stets wechselndem Blatt- und Blumenwerk. Sie sind durch blinde mit Nasen besetzte Spitzbögen verbunden. Blätter und Blumen, in zwei Mustern regelmässig wechselnd, füllen die Zwickel zwischen den Bögen und ihrer viereckigen Umrahmung aus, welche durch die Verdachung und ihre Träger, massive, doppelt vorgebogene Consolbretter, gebildet wird.

Zum Schlusse sei noch der Grabmäler gedacht. Was Bullinger sah, ist bis auf wenige Ueberbleibsel verschwunden, denn bis in das laufende Jahrhundert scheint die Zerstörung solcher Werke ihren Fortgang genommen zu haben. In den Mittheilungen der Antiquarischen Gesellschaft[1]) wird noch zum Jahre 1845 des Grabsteines des 1421 verstorbenen Rudolf von Hallwyl und seiner Gattin Adelheid Mönch von Landskron gedacht, der seither spurlos verschwunden ist. Nur zwei mittelalterliche Monumente sind überhaupt auf unsere Zeit gekommen. In dem Fussboden des südlichen Seitenschiffes ist im zweiten Joche von Westen an die grosse Steinplatte eingelassen, welche die Gruft der Hünenborg deckt. Ueber dem schräg gestellten Schilde der Friedingen steht das Wappen der Hünenberg mit einem Topfhelme, der als Kleinod einen Schwanenhals trägt. Diese Wappen sind diejenigen Gottfrieds von Hünenberg und seiner Gemahlin Margaretha von Friedingen von 1372.[2]) Nur die rechte Hälfte dieses gewaltigen Steines, der mit vier eisernen Ringen versehen war, ist erhalten geblieben. Von einer ausgedehnten Gruftanlage, die von diesem Grabmale ausgehen soll, wird in den Mittheilungen l. c. Seite 15 berichtet.[3]) Sie ist bis zur Stunde unerforscht geblieben.

Die äusserste Kapelle des nördlichen Querschiffes sodann enthält den Grabstein des Konstanzer Chorherrn Hartmann von Baldegg. Von der vertieften Fläche hebt sich in kräftigem Relief das flott stilisirte Wappen ab, über dem sich mit Anspielung auf die beiden Rechte zwei geschlossene Bücher in

[1]) Bd. III, Heft 1, pag. 11.

[2]) Mittheilungen l. c. pag. 10.

[3]) Dort heisst es: „. . . . die Gruft der Edlen dieses Namens (sc. Hünenberg), aus welcher ein unterirdischer Gang nach einem Gewölbe führt, das, einer Crypta gleich, die Gebeine des Kreuzgärtchens, das ist des vom Kreuzgange eingeschlossenen Platzes, einnimmt. Aus diesem unterirdischen Raume führen nach zwei Seiten hin Gänge, welche der Sage nach in einem nahen Gehölze auslaufen, aber streckenweise eingestürzt und noch nicht genauer untersucht sind."

die oberen Ecken fügen.[1]) Von der Minuskelinschrift, welche auf einem glatten Rahmen die Platte umgiebt, ist der Anfang auf der oberen Schmalseite zerstört. Er soll das Datum 1462 enthalten haben.[2]) Die Fortsetzung lautet: ».... obiit nobilis utriufque juris doctor dñs | hartmannus d: haldeg | Ecclió conftancienfis cononi' ai̯a requiefcat in pace.«

Vermuthlich zur Aufnahme bronzener Epitaphien haben die kleinen vertieften Felder gedient, die an der Südseite des Chores und im Mittelschiffe, dort am Eingange und hier am letzten Pfeiler gegen Westen, angebracht sind. Aus der ersten Hälfte des XVI. Jahrhunderts stammt endlich die in Cursiv-Charakteren eingemeisselte Grabschrift an dem Stirnpfeiler der südlichen Querschiffkapellen; sie lautet: Hanß fteinbrüchel der zit fchaffner allhie gfin | ift gftorben den 11 vnd hie begraben den 12 | aberellen 1562 iar.

11. Die Conventgebäude.
(Vergl. den Grundriss Taf. II.)

Der Südseite der Kirche schloss sich der Kreuzgang B an, eine schlichte Anlage mit flachen Decken, die aber einen grossen Reiz durch die Befensterung mit Glasgemälden ausgeübt haben muss. Ein Theil dieser letzteren, welche Bullinger beschreibt, war 1492 bis 1504 unter Ulrich Trinkler erneuert worden; den Schenkern hatte dieser Abt eine ewige Frühmesse gestiftet.[3]) Im Jahre 1791 ist der Kreuzgang abgetragen und das Material zum Bau eines Ziegelofens verwendet worden; den Umfang giebt die erneuerte Backsteinpflasterung der ehemaligen Corridore an.

Von den um den Kreuzgang gelegenen Bauten sind der Westflügel und die anstossende Hälfte des südlichen modernisirt. Im Erdgeschosse des östlichen Flügels ist unmittelbar neben dem Querschiffe die 1345 geweihte[4]) Grabkapelle der Hallwyl C in ganzer Weite nach dem Kreuzgange geöffnet. Der kleine Raum ist mit einem spitzbogigen Kreuzwölbe von 3,60 m. Scheitelhöhe bedeckt. Die Rippen und Schildbögen bestehen aus Kern, Kehle und einem geschweiften Birnstabe. Sie sind in einem Zuge bis zu den platten attischen Basen heruntergeführt. Ihr Schmuck des Schlusssteines, der aus Blattwerk bestund, ist zerstört. An der östlichen Schildwand war mit rothen Umrissen leicht und hübsch die Anbetung der Könige gemalt. Von Farben sind nur noch das Gelb der Haare und Spuren des blauen Grundes zu sehen. Der Stil dieses Bildes, der auf die Bauzeit der Kapelle weist, stimmt genau mit der entsprechenden Darstellung in der Gesslerkapelle überein. Der folgende Theil des Ost-flügels besteht aus zwei Gebäuden, der grösseren Südhälfte und einem schmalen Zwischenbau, der sich dem Querschiffflügel mit einem östlichen Halbgiebel anschliesst. Dieser Zwischenbau, der ursprünglich nur vom Kreuzgange und der Kirche zugänglich war, enthielt zu ebener Erde drei Räume. Sie sind mit Rundtonnen bedeckt, deren Scheitelhöhe (m. 3,63–3 m.) von Ost nach Westen abnimmt. Der mittlere Raum D, bei Bullinger Benedictinum genannt, hat als Sakristei gedient. Er ist mit dem anstossenden Querflügel der Kirche durch eine Stichbogenthüre verbunden und nach dem östlich folgenden Theile E, der ebenfalls zur Sakristei gehörte, in seiner ganzen Höhe und Weite mit einem Rundbogen geöffnet,

---

[1]) Abbildung bei v. Rodt, Kunstgeschichtliche Denkmäler der Schweiz. Lfg. IV. Taf. 5.
[2]) A. Nüscheler, Die Gotteshäuser der Schweiz. (Geschichtsfreund Bd. 39, pag. 156.)
[3]) Nüscheler, l. c. p. 140.
[4]) l. c.

der von ungegliederten Halbpfeilern getragen wird. Gesimse und Basen zeigen die nämlichen Formen, die sich an den entsprechenden Gliederungen der Querschiffkapellen wiederholen. Zu dem westlichen Abschnitte F führt von D eine kleine Pforte. Sie schliesst mit einem Flachgiebel und innen stichbogig ab. Die gegenüber befindliche Thüre, die nach dem Kreuzgange geht, ist vermauert. Vermuthlich ist diese kleine und fensterlose Kammer die «untere Librerei» gewesen.[1]

Der südlich folgende Theil enthält im Anschlusse an diesen Zwischenbau den Capitelsaal G. Zu beiden Seiten der Kielbogenthüre, die in den Kreuzgang führt, ist ein zweitheiliges Spitzbogenfenster mit einfachen Maasswerken und kielförmigen Theilbögen geöffnet. Bis zum Jahre 1890, als dieser ehrwürdige Raum in eine Badstube verwandelt wurde, hatte derselbe die alte Anordnung steinerner Sitzstufen bewahrt, die sich in doppeltem Aufbau um die Wände herumzogen. Jetzt ist die untere Stufe abgetragen, auch Reste der Wandgemälde, Einzelfiguren von Heiligen, die allerdings schon damals bis zur Unkenntlichkeit zerstört gewesen sind, hat man beseitigt. In der Mitte steht ein achteckiger Holzpfosten; er trägt den einfach gothisch formirten Unterzug, auf welchem eine flache Holzdiele den m 3,15 hohen Raum bedeckt. Die Leisten und Bretter sind weiss grundirt, Erstere mit einem Ornamente von gelben, tauförmig geschwungenen Linien, und diese, gleich dem Unterzuge, mit einem wechselnden Schmuck von grünen Wellenranken mit bunten Blumen und Früchten in dem spätestgothischen Stile des XVI. Jahrhunderts bemalt.[2] — Eine zweite Kielbogenthüre, die gleich der vorigen in einem Zuge mit einem geschweiften Birnstabe zwischen zwei Kehlen gegliedert ist, öffnet den Zugang zu der Holztreppe H, die neben dem Capitelsaal in das obere Stockwerk führt. Dann folgen wieder zwei Thüren, beide sind doppelt gekehlt, die eine spitzbogig, die andere im Kielbogen geschlossen. Jene bildet den Ausgang zu dem Corridore I, der ins Freie, bezw. nach dem östlich vorliegenden Abtshause führt. Der mässig breite Flur ist mit einer flachen, durch Querleisten gegliederten Holzdiele bedeckt. Eine mittlere Querborte und der umrahmende Fries sind mit verschiedenen Ornamenten, Flachschnitzereien in frischem spätgothischem Stile geschmückt. Die Mitte jener nimmt ein verschlungenes Spruchband mit dem Datum 1497 und den Initialen des Bauherrn (Ulrich Trinkler Abt Zu C'Appel) ein (Fig. 2). Der letzte Raum, der neben dem Flure den Abschluss des Ostflügels bildet, ist ein kahler, flachgewölbter Raum K, vielleicht das ehemalige Parlatorium (Sprechsaal), den man nachträglich durch eine Zwischenwand in zwei ungleiche Hälften abgetheilt hat.[3]

Wie die alten Theile des Südflügels ist auch diese östliche Gebäudefolge auf ein einziges Obergeschoss (Taf. II.) beschränkt geblieben. Am Südende desselben waren zwei Zellen aa gelegen. Sie sind jetzt erneuert. Die Decke der einen hatte einen hübschen Mittelfries mit spätgothischer Flachschnitzerei bewahrt, der sich jetzt in der Sammlung der Antiquarischen Gesellschaft in Zürich befindet.[4] Zwischen flott stilisirten Rankenornamenten enthält eine Bandrolle die Aufschrift: bLESI 1497 dISHACHER[5] (sic.) Auf diese Zellen folgt ein grosser Flur b, aus welchem die Holzgalerie c nach

---

[1] Nüscheler. 137.

[2] Unrichtig meldet Nüscheler S. 140, dass das oben beschriebene Gemälde mit den knienden Figuren der Eschenbach und Schnabelburg im Capitelsaal gestanden habe.

[3] In Maulbronn wird der entsprechende Raum für die Geisselkammer (flagellatorium) gehalten.

[4] Unrichtig habe ich in meiner Geschichte der bild. Künste S. 517 Note 1. diese Inschrift in den Capitelsaal verlegt.

[5] An der Wand desselben Gemaches war nach Nüscheler S. 141 der Name Frater Johannes Murer, Prior, und an demjenigen der anstossenden Zelle ebenfalls mit der Jahrzahl 1497 der des Frater Ulricus Wurst verzeichnet. Fälschlich heisst es in dem Katalog der Sammlungen der Antiquarischen Gesellschaft, Abtheilung Mittelalter S. 34, dass der Fries

dem östlich vorliegenden Abtshause führt. Die flache Holzdiele des Ersteren zeigt Reste einer einfachen Gliederung in spätgothischem Stile.

Der Rest des Ostflügels, der sich von diesem Flure bis zu dem Querschiff der Kirche erstreckt, bildet jetzt einen einheitlichen Raum *d*. Ehedem war derselbe durch einen Mittelgang in zwei Hälften getheilt, die beide einige Zellen enthielten, und mit einem nördlichen Abschnitte schlossen.[1]) Am Nordende des Z w i s c h e n g a n g e s war eine Stichbogenthüre nach der Kirche geöffnet, in deren Querschiff eine steinerne Treppe hinunterführte. Die östlichen Z e l l e n waren mit schmalen Spitzbogenfensterchen versehen, deren noch zwei — das eine vermauert — zu sehen sind. Ihren nördlichen Abschluss erhielt diese Zellenreihe durch einen schmalen Einbau *e*. Er ist mit einer Flachtonne auf starken Seitenmauern bedeckt, an beiden Enden mit Thüren geschlossen und bildete den wohlverwahrten Zugang zu dem östlich ausspringenden Raume, der »oberen Liberei« *f*.[2]) Ihre ursprüngliche Beleuchtung ist eine sehr dürftige gewesen. Sie fand durch ein kleines Rundfenster an der Südwand und ein schmales Spitzbogenfensterchen statt, das sich in der Mitte der Ostfronte öffnete; später hat man dieses Letztere vermauert und zwei grössere Spitzbogenfenster zur Seite, sowie ein drittes in der Südwand angebracht. Gegenüber führt hart neben der Ostwand eine kleine Rundbogenthüre zu dem beträchtlich höher gelegenen Obergeschosse der Querschiff kapellen hinauf. Der niedrige Raum, die »S a k r i s t e i« *g* (Schatzkammer) ist mit einer schmucklosen Holzdiele bedeckt und östlich mit flachbogigen Kammern nach zwei schmalen Spitzbogenfenstern geöffnet. An der Nordwand steht ein langer Doppeltrog, der aus einem riesigen Eichenstamme gearbeitet und an der Vorderfronte mit einfachen gothischen Eisenbeschlägen versehen ist. Sie stellen — vielleicht mit Anspielung auf das Wappen der Eschenbach — vier übereck gestellte Lilienkreuze vor.

Von dem südlichen Flügel ist nur die westliche Hälfte in theilweise ursprünglichem Zustande erhalten geblieben. Das Erdgeschoss bildet heute einen ungetheilten, mit später Balkendiele bedeckten Raum. Aus älteren Plänen erhellt, dass er ehedem in zwei Abtheilungen zerfiel, in einen kleineren östlichen Theil *L*, der vielleicht als C a l e f a c t o r i u m, d. h. als Wärmstube der Mönche diente, und das westlich folgende R e f e c t o r i u m *M*. Auch hier ist jede Spur der ursprünglichen Ausstattung verwischt. Nur die Befensterung der Südseite lässt sich auf Grund der Pläne erkennen.[3]) Sie bestand aus drei durch schmucklose Wandpfeiler getrennten Gruppen von je drei, fünf und sieben Oeffnungen, deren Pfostenansätze mit dem einfachen Schrägprofile noch an den waagrechten Sturzen erhalten sind. Westlich folgten die K ü c h e *V* und zwei weitere Räume *W W*, deren einer vielleicht als Refectorium der Laienbrüder diente. Die Theilung des folgenden Stockes war dieselbe wie die des östlichen Flügels; sie bestand aus einem 4,10 m. breiten Corridore und vier südlich vorliegenden Z e l l e n *h h*, deren Abmessungen die an den Deckenbalken angebrachten Falze bezeichnen.[4]) Die Flachbogenfenster weisen auf einen nach dem Brande von 1493 vorgenommenen Neubau hin. Ueber denselben sind hin und wieder

No. 14[5] ebenfalls aus Kappel stamme. Dieses 1494 datirte Fragment, dessen nicht mehr vorhandene Fortsetzung ebenfalls den Namen des Meisters Ulrei Werker trug, ist der Sammlung aus der Kirche von Hausen am Albis überlassen worden. Den vollständigen Wortlaut theilt N ü s c h e l e r l. c. p. 130 mit.

[1]) Die Dimensionen der westlichen Zellen *h h* sind jetzt noch durch die in dem Fussboden vorhandenen Falze bezeichnet.

[2]) N ü s c h e l e r S. 141.

[3]) Eine solche aus den dreissiger oder vierziger Jahren stammende Aufnahme, die unserem Plane zu Grunde gelegt wurde, befindet sich im Archive der Baudirection des Cantons Zürich.

[4]) Ihre Tiefe betrug m. 3,80, während die Breite zwischen m. 3,45 bis m. 4,50 schwankte.

Spuren von gleichzeitigen Malereien zu sehen: eine Musterung von schwarzen, weissen und rothen Rauten, sowie ein Perlsaum und schwarze Ranken über dem westlich folgenden Fenster.

Das Erdgeschoss des vollständig modernisirten Westflügels theilt ein flachgedeckter Flur N in zwei Hälften ab; die spätgothische Rundbogenthüre, die am Westende desselben in's Freie führt, ist in einem Zuge doppelt gekehlt. Von diesem Durchgange steigt man auf einer Treppe in den unter der Nordhälfte des Flügels gelegenen Keller[1] hinab. Dieser imposante Raum ist eine dreischiffige Halle von 22,10 Meter Länge und 11,30 Meter Breite. Drei Stützenpaare, achteckige, oben und unten auf einen Kubus gekehlte Pfeiler, sind im Sinne der Längenachse durch ungegliederte Stichbögen verbunden, die an der nördlichen Stirnwand auf Halbpfeilern und gegenüber auf schmucklosen dreieckigen Consolen anheben. Unmittelbar über den Archivolten heben die Flachtonnen an, die mit einer Scheitelhöhe von 4,72 Meter die gleich breiten Hallen überspannen. Nördlich und südlich ist der Mittelgang mit einer hochgelegenen Rundbogenthüre versehen. Bögen und Pfeiler sind aus Quadern, die Umfassungsmauern aus Bruchsteinen und die Gewölbe aus Cement erstellt.

Einen gründlichen Umbau hat endlich auch das Amtshaus, die ehemalige Wohnung des Abtes erlitten. Bullinger beschreibt sie als dreistöckige Anlage. Heute ist diese Theilung nur noch im Südwesten des Gebäudes nachzuweisen. Es ist desshalb schwer, ein Bild von der ursprünglichen Anlage zu entwerfen. Sie scheint aus einem Rechteck bestanden zu haben, aus dem zwei seitliche Anbauten vorsprangen: am nordöstlichen Ende die Kapelle SS. Simon und Judas P und gegenüber in gleicher Flucht mit der Westfronte die Wohnung des Priors Q. Im XVII. Jahrhundert hat dann durch Hinzufügung des nördlichen Corridores R und eine entsprechende Erweiterung auf der gegenüber liegenden Seite S der Ausbau zu dem heutigen Umfange stattgefunden.[1]

Ausser der Galerie, die vom Kloster herüberführte, scheinen zwei Haupteingänge bestanden zu haben. Jene war, wie Bullinger sich ausdrückt, mit drei »Zellen« versehen. Gewiss ist daraus auf die Anlage von Abtritten zu schliessen, die in Klöstern öfters mit solchen Galerien in Verbindung standen. Die beiden übrigen Zugänge sind an der nördlichen Langseite zu suchen: am Westende die Thüre, die zur Behausung des Priors Q führte und weiter östlich der nicht mehr vorhandene Eingang in die Abtswohnung, der ohne Zweifel in der Höhe des ersten Stockes über einer Freitreppe gelegen hatte. Ob schon damals eine gedeckte Galerie, ein sogenanntes »Vorzeichen«, die Stelle des Flurs R versah, welcher heute zu der Kapelle führt, ist nicht mehr nachzuweisen, aber als wahrscheinlich vorauszusetzen.

Der Boden fällt nach Süden derart ab, dass man von hier auf wenigen Stufen in den ehemaligen Abtskeller T hinuntersteigt, während der Flur, welcher der Nordseite entlang zur Kapelle P führt, sich auf gleichem Plane mit dem vorliegenden Hofe befindet. Daraus erklärt sich die Verschiebung der Stockwerke in den älteren Theilen des Gebäudes. Im Wesentlichen sind hier zwei getrennte Complexe zu unterscheiden: ein westlicher Abschnitt Q, über welchem der Prior wohnte, und der grössere östliche Theil $T U$, dessen nicht mehr vorhandenes oberstes Stockwerk die Behausung des Abtes war.

Von dem ersten Abschnitte sind das Erd-(Keller-)Geschoss und die Bel-étage im alten Zustande erhalten. Beide sind ungewöhnlich niedrig und durch eine Rundbogenthüre zugänglich, die sich am Westende der nördlichen Langseite befindet. Wenige Stufen führen von derselben in den Keller hinab. Eine ehedem steilere Holztreppe geht von dem gleichen Absatze zu der Bel-étage hinauf. Der Keller[2] Q

[1] Auf unsern Plänen Taf. II sind diese Zusätze durch Schraffirung hervorgehoben.

[2] Jetzt durch eine Zwischenwand in zwei Theile getheilt, deren östlicher mit nachträglich erweiterten Fenstern als Werkstätte dient.

hat eine flache (unterkant Balkenlage nur m. 2,35 hohe) Balkendiele, die von vier achteckigen Holzpfeilern getragen wird. Zwei Thüren in der Ostwand sind vermauert. Diejenige am Nordende ist so tief gelegen, dass ihr Flachbogen hart über dem Boden anhebt. Sie war über einer Treppe gelegen, auf der man in den östlich vorliegenden Abtskeller T hinunterstieg. Dieser Letztere, der die ganze östliche Hälfte des Gebäudes einnimmt,[1]) ist durch eine alte Quermauer in zwei Hälften T und T' getheilt. Beide haben flache Balkendielen, die von einem hölzernen Mittelpfeiler getragen werden. Ein Parallelraum S, der sich südlich neben beiden Abtheilungen erstreckt und dessen äussere Langwand in gleicher Flucht mit der Südfronte des Prioratskellers liegt, rührt von dem Umbau des XVII. Jahrhunderts her. An Stelle desselben hatte ehedem ein freier Plan gelegen, von dem man durch eine grosse Thüre in die westliche Abtheilung T des Abtskellers gelangte. Zwischen dieser Thüre und der südwestlichen Ecke ist ein Schornstein angelegt, vermuthlich die Feuerstätte, welche Bullinger für einen Ueberrest der ältesten Ansiedelung hielt. Ueber dem Abtskeller sind zwei niedere, flachgedeckte Räume gelegen: ein langer östlicher Theil O (Taf. II), vermuthlich die ehemalige Krankenstube, und von dieser durch eine Riegelwand getrennt, ein corridorartiger Abschnitt p. Hier müssen am südlichen Theile der Westwand die Carceres gelegen haben, kleine, aus Bohlen gezimmerte Zellen, die gegen den Prioratskeller zwei viereckige Lucken hatten. Daneben befand sich eine viereckige Thüre und hart neben der Nordwand eine durch Steinplatten in drei Fächer abgetheilte Wandnische. Jene Thüre ist über dem Boden des Prioratskellers gelegen, von dem eine kurze Treppe zu derselben hinaufführte.

Noch niedriger als der Prioratskeller ist die über demselben befindliche Bel-étage. Sie besteht aus zwei von Nord nach Süden nebeneinander gelegenen Hälften, deren jede wiederum in zwei, beziehungsweise drei Stücke zerfällt. Den grössten Theil der nördlichen Hälfte nimmt im Westen die Küche i ein, zu der die in der Nordwestecke angebrachte Holztreppe hinaufführt. Gegenüber in der Südwestecke steht der Herd. Der bloss 2,25 Meter hohe Raum ist mit einer roh gezimmerten Balkendiele versehen. Die Mittelstütze ist ein achteckiger, einfach gothisch formirter Holzpfeiler. Ihren östlichen Abschluss erhält die Küche durch eine alte Bretterwand. Sie grenzt einen schmalen Hinterraum k ab, dessen Fussboden die Thüre schneidet, welche von dem Prioratskeller zu den Carceres führt. Es folgt daraus, dass ursprünglich nur die südliche Hälfte dieses Bodens bestanden hatte, von welcher eine Treppe in den zwei Stockwerke hohen Abschnitt hinunterführte.

Neben der Küche hatte die ebenso niedrige Wohnung des Priors gelegen. Den Zugang öffnet eine kleine Thüre, die sich am Ostende der Südwand befindet. Sie führt in einen schmalen flachgedeckten Gang l, der die westliche Stube von einer schmalen östlichen Kammer trennt. An der Stirnseite des Ganges ist ein schmales Fenster angebracht; daneben nimmt eine viertheilige Gruppe von wiederum viereckigen und einfach gothisch profilirten Fenstern die Südwand der Stube m ein. Die entsprechenden Fenster der Kammer n hat man im XVII. Jahrhundert erneuert. Die Bretterwand, welche diese Kammer von dem Gange trennt, und die Nordwand der Stube haben den ursprünglichen Anstrich, weiss für die Planken und schwarz für die roth gekehlten Leisten, bewahrt. Auch die einfach profilirte Balkendiele der Stube ist erhalten geblieben. Stube und Kammer sind mit Bretterböden, der Zwischengang mit schmucklosen Fliesen belegt.

Aelteren Ursprungs als die gothischen Theile des Amtshauses, die muthmasslich aus der Zeit

---

[1]) Eine Thüre, zu der man jetzt von dem vor der Kapelle gelegenen Flure B auf einer Treppe von 16 Stufen in den Keller hinuntersteigt, ist vermuthlich erst im XVII. Jahrhundert ausgebrochen worden.

des baueifrigen Abtes Ulrich Trinkler stammen, ist die Kapelle SS. Simon und Judas *I*. Sie legt sich als östliche Verlängerung dem flachgedeckten Corridore K vor, der zu ebener Erde die Nordseite des Amtshauses begleitet, und sie ist sechs Stufen unter demselben gelegen. Die Thüre, die sich in der Tiefe des Ganges über der Kapellentreppe öffnet, ist romanisch. Ueber dem hohen Sturze wölbt sich ein leeres halbrundes Bogenfeld, das ursprünglich wohl ein Gemälde enthielt. Es ist, wie die Thür-

Fig. 7.

öffnung, von einem Wulste umrahmt. Die Kapelle ist ein kahles Rechteck von 5,72 Meter Länge zu 3,77 Meter Breite. Aus den Langwänden wölbt sich unvermittelt eine spitzbogige Tonne von 4,55 Meter Scheitelhöhe ein. Ihr Schmuck bestand aus Malereien, die grau auf dunkelrothem Grunde ein spätgothisches Maasswerk darstellen, rundbogige Arcaden, die im Scheitel mit ihren Wölbungen zusammentreffen und ihrerseits oben und unten mit Pässen und halbrunden Theilbögen ausgesetzt sind (Fig. 7.) Vermuthlich stammt aber nicht bloss dieser Schmuck, sondern auch das Gewölbe selber aus spätgothischer Zeit. Es beweist diess die Art und Weise, wie die Tonne fast mit dem Scheitel des Chorbogens zusammentrifft. Ohne Zweifel hatte ursprünglich an Stelle derselben eine flache Holzdiele bestanden. Oestlich war die Kapelle, wie Bullinger meldet, mit einer halbrunden Apsis versehen. Man hat sie entfernt und den ungegliederten Rundbogen, der sich nach derselben öffnete, vermauert. Seine Vorlagen sind mit den gleichen Gesimsprofilen und schmiegenförmigen Basen versehen, die man in den Querschiffkapellen sieht. Neben der inwendig stichbogigen Westthüre ist ein viereckiges Wandgelass angebracht.

Alle übrigen Theile des Amtshauses rühren von dem Umbau im XVII. Jahrhundert her: der grosse Flur im ersten Stocke des östlichen Theiles und die Zimmer mit dem einfachen aber ehrenfesten Täferschmucke. Die Zeit des Umbaues gibt das Datum 1661 an; in dem langen Saale r, der über dem südlichen Parallelraum des Abtskellers liegt, ist dasselbe in einer grau in Grau gemalten Fensterumrahmung verzeichnet.

—

Die Grabstätten der Gutthäter Kappels.

Die Lage der Gruftkapellen der in Kappel bestatteten Edeln hat Rahn in der Beschreibung der Kirche nur mit wenig Worten berührt. Da indessen hierüber bisanhin keine allzugrosse Klarheit herrschte, dürften dem Besucher der alten Abtei einige kurze Angaben über die Grabstätten der Gutthäter nicht unlieb sein.

Die an den Leibungen der Chorkapellen angebrachten Wappen sind späte Zuthat, und dürfen nicht ohne Weiteres als Beleg für die Lage der Grabstätten selbst dienen.

Die Reste der alten Malereien und Bullingers etwas unbestimmte Angaben, verglichen mit Urkunden und Jahrzeitbüchern, gestatten folgendes festzustellen:

Im Kapitelsaale des Klosters (vielleicht theilweise im Kreuzgange vor demselben) ruhten nach Vorschrift des Cisterzienserordens, wie in Wettingen und anderswo, die Mitglieder des Stiftergeschlechts. Hier lagen:

1. Walther I von Eschenbach, Herr zu Schnabelburg, welcher vor 1185 mit seiner Gattin Adelheid von Schwarzenberg und seinen Brüdern die Abtei gegründet hat.

2. Sein Sohn Walther II von Eschenbach, Herr zu Eschenbach, Rüssegg und Oberhofen bei Thun, Theilherr zu Schwarzenberg im Breisgau, 1185—1225.

3. Berchtold I von Schnabelburg, Bruder des vorigen, Herr zu Schnabelburg, Theilherr zu Schwarzenberg; 1185—1225.

4. Berchtold I von Eschenbach, Sohn Walthers II. 1225—1236. Er liegt mit seinem geistlichen Sohn Konrad hier begraben.

5. Ulrich I. von Schnabelburg, Sohn Berchtolds I von Schnabelburg. 1225—1254. Seine Grabstätte theilten die Gattin Adelheid von Thierstein und ein Söhnchen, Rudolf.

6. Walther von Schwarzenberg, Bruder Ulrichs I von Schnabelburg, starb kinderlos zu Strassburg. Seine Gebeine wurden indessen in Kappel beigesetzt. Er starb vor 1262.

7. Berchtold II von Schnabelburg, Sohn Ulrich I. 1243—1267, wurde am 27. December des letztern Jahres in Kappel bestattet. Er war der Ahnherr der jüngern Freiherren von Schwarzenberg im Breisgau.

Zu Bullingers Zeit war eine im Jahre 1434 gemalte Holztafel mit den knieenden Gestalten dieser sieben Freiherren an einem Pfeiler der Kirche angebracht; darunter waren auf Pergament geschriebene, mit Glas bedeckte, lateinische Erklärungen angebracht, die sich durch Richtigkeit ihrer Angaben auszeichnen und deren Inhalt wörtlich Bullingers Arbeit einverleibt wurde. Die Holztafel kam dann in den Kreuzgang und wurde wahrscheinlich im XVII. Jahrhundert ziemlich stark übermalt und mit einer breiten Fussleiste versehen, auf welche der Inhalt der Pergamentblätter übertragen wurde, unter Einschiebung einer gereimten Geschichte der Eschenbach bis zum Erlöschen des Geschlechtes. Die Tafel befindet sich heute in der Sammlung der Antiquar. Gesellschaft.[1]) Die Freien sind in linker Seitenansicht, nach rechts gewendet, haarhäuptig in betender Stellung knieend dargestellt. Der Stifter Walther I und seine zwei Söhne tragen lange Hofkleidung mit pelzverbrämten Mänteln, ähnlich wie die Gestalten der österreichischen Herzoge auf den Glasgemälden von Königsfelden.[2]) Vor ihnen sind die Wappenschilder am senkrecht stehenden Schwert angebracht. Die vier jüngeren Stifter tragen die ritterliche Waffenrüstung aus dem ersten Drittheil des XV. Jahrhunderts. Vor ihnen befindet sich der Wappenschild, worunter bei No. 4 die sehr alterthümliche Jahrzahl 1434 in arabischen Ziffern angebracht ist. Walther I trägt das Modell der Klosterkirche in den Händen, hinter ihm befindet sich eine Ansicht der Schnabelburg, welche nähere Betrachtung verdient.

In der Dreifaltigkeitskapelle des Kreuzganges befand sich die Gruft der Herren von Hallwil, welche nach dem Untergange der Freien von Eschenbach die Kastvogtei des Klosters bis 1495 inne hatten. Katharina Bocheler, Gattin des Ritters Hartmann von Hallwill hat den Altar am 5. Mai 1306 gestiftet. Ihr am 1313 verstorbener Gemahl wünschte vor demselben begraben zu werden. — Im Jahrzeitbuche waren 38 Angehörige des Geschlechtes vorgemerkt.

In den Chorkapellen hatten folgende Geschlechter ihr Erbbegräbnis erwählt:

Die Nielanskapelle war Ruhestätte der Edeln von Baldegg. Hier befindet sich noch heute der Grabstein des am 1462 verstorbenen Constanzer Domherrn Hartmann von Baldegg; vor der Kapelle enthält die Nordwand des Querschiffes über einer spitzbogigen Blende die Wappen des Hans von Baldegg, † 1474, Bruder Hartmanns, und seiner Gattin Verena von Aarburg, 1451. Elf Angehörige dieses ritterlichen Geschlechtes werden von Bullingen aufgeführt.

Die Johanneskapelle wird vor Allem die Gräber des Freiherrn Hermann von Bonstetten, seiner Gattin Willebirg, und ihres vor 1285 verstorbenen Sohnes Johannes enthalten haben. Sie hatten das Kloster reich begabt und in demselben ihre Grabstätte erwählt. Dreizehn Bonstetten waren im Jahrzeitbuch aufgeführt, darunter auch Ulrich von Bonstetten zu Uster und seine 1401 verstorbene Gattin Adelheid Manesse, Tochter des Bürgermeisters. Andere Manesse standen mit Kappel wohl nicht in Beziehung. — Der von Bullinger erwähnte Ritter Johannes von Seon, welcher 1367 den Kirchensatz zu Kilchberg an Kappel verkauft, und hier sein Begräbnis erwählt hatte, war ebenfalls mit den Bonstetten verschwägert.

Die Peter- und Paulskapelle soll Erbbegräbnis der Edeln von Uerzlikon gewesen sein, welche um Mitte des XIV. Jahrhunderts mit Georg von Uerzlikon und dessen Gattin Guta von Bichelsee erloschen oder aus der Gegend verschwanden. Wahrscheinlich lagen noch andere Edle in der Kapelle begraben.

---

[1] Sie ist abgebildet bei J. J. Simmler Sammlung alter und neuer Urkunden II. 1. als Beigabe zu Bullingers Klostergeschichte; ebenso bei J. Müller, Merkw. Ueberreste von Alter-Thümmern der Schweiz III. 17. — Beide Stiche sind ganz ungenügend.

[2] Denkmäler des Hauses Habsburg in der Schweiz, Königsfelden Taf. 11.

Das Erbbegräbnis des ritterlichen Geschlechtes Gessler in der Stephanskapelle scheint die meisten Angehörigen dieses im XIV. Jahrhundert reichbegüterten österr. Dienstmannengeschlechtes aufgenommen zu haben. Im Jahrzeitbuch waren beinahe alle Glieder dieses Stammes bis zum letzten, am 1483 in Winterthur wohnenden Georg Gessler, eingetragen.

Unter der gewaltigen Grabplatte mit den Wappen Gotfrieds von Hünaberg († 1383) und seiner Gattin Margaretha von Fridingen († 1371) ruhen noch viele seines Geschlechtes; 23 Namen sind im Jahrzeitbuch eingezeichnet. Schon am 23. März 1255 hatte Peter von Hünaberg angeordnet, er wolle zu Kappel wie ein Klosterbruder begraben werden.

Urkundliche Belege zur Baugeschichte Kappels.

1185. Anlässlich der Einweihung der Kirche bestätigt Bischof Hermann II. von Konstanz auf Bitte des Abtes Wilhelm die Gründung des Klosters durch den Freien Walther von Eschenbach auf Sehnabelberg mit Frau und Kindern, sowie seine Brüder, Konrad, Abt zu Murbach, und Ulrich, Probst zu Luzern. — Zürcher Urkund. Buch I. S. 216.

1255. 3. April. Der päpstliche Legat Cardinal-diacon Petrus S. Georgii ad velum aureum fordert zu milden Beiträgen an den behufs Erweiterung des Klosters begonnenen kostbaren Bau auf. Reg. Kappel No. 68.

1283. 26. September. Albrecht, Bischof von Marienwerder, Weihbischof des Bischofs von Konstanz, erteilt anlässlich der Weihe des Hochaltars und verschiedener Altäre Ablässe, besonders auch für diejenigen, welche Sand und Steine zum Neubau heranführen. Reg. Kappel No. 116.

1283. 2. October. Johannes, Bischof von Litthauen, Deutschordensbruder, Stellvertreter des Bischofs von Konstanz, erteilt Ablässe für diejenigen, welche dem Kloster zu dessen kostbarem Bau behülflich sind oder selbst Hand daran legen. Reg. Kappel No. 122.

Diese Urkunden gestatten, den Zeitpunkt der Vollendung von Chor und Querschiffen festzustellen und beweisen, dass der Kirchenbau im Uebrigen fortdauerte.

1306. 5. Mai. Katharina Bocholer, Gattin Hartmann's von Hallwil, stiftet einen Altar der Dreifaltigkeit, Muttergottes und Allerheiligen. Reg. Kappel No. 14 . Ihr Mann erwählt sein Begräbnis vor demselben. Reg. Kap. No. 150.

1345. 1. September. Heinrich, Erzbischof von Ascara, weiht den Dreifaltigkeitsaltar. Reg. Kappel No. 297. Dieser Altar befand sich wohl in der Gruftkapelle der Hallwil.

1349. 25. April. Johannes, Episcopus Castoriensis, Weihbischof von Konstanz, weiht den Fronleichnams-altar und die Altäre der Maria und der unschuldigen Kindlein. Reg. Kappel No. 208.

Alle drei Altäre lagen wohl in der Laienkirche des Langhauses, ihre Weihe wird der Vollendung des Kirchen-baues entsprechen.

1443. Zur Zeit des alten Zürichkrieges wurde die Kirche und das Kloster von den Eidgenossen ausgeplündert, Vieles zerschlagen, die Orgel, die Uhr und eine Glocke weggeführt. — Kundschaft über die Gräuelthaten der Schwizer vom 20. Juni 1444 im Staatsarchiv Zürich, s. Th. v. Liebenau im Anz. f. schweiz. Gesch. 1872. 1. Band, S. 236.

1493. 15. Januar. Brand der Schlafzellen und der Klostergebäude. Wiederherstellung derselben durch Abt Ulrich Trinkler. — Erzählung nach Bullinger im Neojahrsblatt d. Ant. Ges. f. 1845. Mitth. III. 1. S. 5.

1514. 29. Juni. Weihe der ausserhalb der Ringmauer gelegenen Markuskirche samt Kirchhof und drei Altären. Reg. Kappel No. 363.

1525. 9. März. Entfernung der Bilder aus der Kirche. Nach Bullinger. Mitth. d. Ant. Ges. III 1. S. 15.

1531. October. Verwüstung des Klosters, Zerstörung vieler Glasgemälde durch die V Oertischen. Mitth. III 1. S. 15.

1532. Ersatz von 13 zerstörten Fenstern im Kreuzgang durch gewöhnliche Scheiben aus Rautenglas, laut Klosterrechnung im Staatsarchiv Zürich.

1555. Bis 1531 waren Pfosten und Gesimse der Glockenstube des Thurmes mit Zinn beschlagen, welches im Kappelerkriege geraubt wurde. Jetzt erhielten diese Theile einen Schindelbeschlag. — Amtsrechnung Kappel.

1559. Abbruch der steinernen Treppe zum Dormenter. — Amtsrechnung.

1608. Erneuerung der St. Marien Kirche, namentlich der Bestuhlung und der Kanzel. — Amtsrechnung.

1613. Erneuerung des Kreuzganges und der Hallwilkapelle unter Amtmann Hans Rudolf Schwytzer — der Malermeister Chr. Nüscheler „hat auch etliche Wappen der alten Stiftheren, so zum Theil verblichen gewesen, wider erneuert und an Tag gebracht." —

„VI ℔ zahlt ich M. Mathys Füessli dem Maler von der Tafeln im Crützgang anzustreychen und zu mahlen, darin ich mit eigener Hand des Closters Cappel zuland samt der Fundatoren und Benefaktorengeschlechter Namen verzeichnet hab." Amtsrechnung von Hans Rudolf Schwytzer. Diese Tafel ist jetzt noch im südlichen Querschiffe vorhanden.

1640. 4. August. An diesem Tage, Mittags 12 Uhr, wurde der (alte achtseitige) Kirchthurm vom Blitz getroffen und brannte theilweise ab. In Folge dessen ward derselbe im Jahr 1641 unter Amtmann Hans Waser ganz abgebrochen, und (in viereckiger Gestalt) neu aufgebaut. — Amtsrechnung 1641.

1655. Abbruch der Markuskirche, als das Kloster während des Rapperswilerkrieges befestigt wurde. Anm. zu lieg. Kappel No. 363.

1660. „30 Pfund zahlt Felix Bären dem Murer von Affholtern und 3 Knechten, haben ein alt Capellen, so an der Clostermurhinanfallen wollen, geschlissen, und anstatt ein neuwer Stuckh mur von 8 Klaffter aufgeführt." — Amtsrechnung.

1661. Umbau der Abtswohnung, jetzt Amtshaus, nach einer Jahreszahl im Amtshause und nach der Amtsrechnung.

1613 bis 1666 wurden 8 Pfeiler (die untern Streben auf der Nord- und Westseite) an der Kirche theils neu aufgeführt, theils zur Hälfte erneuert. — Amtsrechnungen.

1664. Erstellung einer neuen Kanzel aus Nussbaumholz. — Amtsrechnungen.

1706. Kloster Kappel wurde unter Junker Amtmann Hans Jakob Escher erneuert, die alte Klostermauer abgebrochen und durch eine neue, enger gezogene, rechteckige Ringmauer ersetzt. Bluntschli. Mem. Tig. 1742 S. 92.

1735. Abbruch des alten, Bau eines neuen Pfarrhauses. Werdmüller Mem. Tig. S. 308.

1738 und 1771. Hauptreparaturen des Kirchthurms. Werdm. Mem. Tig. S. 304. Amtsrechnungen.

1701. Abbruch des Kreuzganges. Mitth. d. Ant. Ges. III 1. S. 9. Amtsrechnungen 1791,92.

1793. Zerstörung der meisten Mönchszellen. Mitth. d. Ant. Ges. III 1. S. 9. Amtsrechnung.

1876. In diesem Jahre wurde, gestützt auf ein Gutachten der Herren Prof. Salomon Vögelin, Prof. Dr. J. R. Rahn und J. Pfau, Architekt, eine Restauration der Klosterkirche ins Auge gefasst, und zum Theil, mehr oder weniger richtig, aber höchst oberflächlich und dem Expertenbericht wenig entsprechend, durchgeführt. — Auch befindet sich noch die Scheidewand zwischen dem Querschiff und dem Kloster zum Theil in sehr gefahrdrohendem Zustande und bedarf unbedingt baldiger gründlicher Verbesserung. Wünschenswerth wäre ferner eine Wiederherstellung der prächtigen Chorstühle,[*] und durchgehende Neubefensterung der Kirche mit Glasmalereien nach dem Muster der vorhandenen 6 alten Hochfenster. Der hohe Werth des in der ganzen Ostschweiz unerreichten gothischen Denkmales würde erst dann zur vollen Geltung kommen.

Litteratur über Kappel.

H. Bullinger. Annales sive Chronikon Cornobii Capell. abgedruckt bei J. J. Simler, Sammlung alter und neuer Urkunden zur Beleuchtung der Kirchengeschichte. Zürich 1757—63. B. II. Theil 2. S. 397—451.

Joh. Stumpf. Schweitzer-Chronik. Buch VI. Capitel XXXIIII. Von der Stiftung, gelegenheit und etlichen Aebten dess Bernhardiner Closters zu Cappel im Zürichgow gelegen, vnd was sich jeder zeit dabei fürnemblichen begeben hat. In der Aufl. von 1606. S. 517b—519a.

J. H. Hottinger. Speculum Helveto-Tigurinum. Tiguri, 1665. P. 265—280.

H. H. Bluntschli. Memorabilia Tigurina. Zürich 1742. Artikel Cappel.

A. Werdmüller von Elgg. Memorabilia Tigurina. Zürich 1780. Artikel Cappel und Kirchengebäude.

(S. Vögelin) Neujahrsblatt, herausgegeben von der Gesellschaft auf der Chorherrenstube in Zürich. 1830.

Neujahrsblatt der Zürcherischen Hülfsgesellschaft. 1841.

[*] Herr J. Regl von der Kunstgewerbschule in Zürich wäre im Stande, dieselbe in vortrefflicher Weise durchzuführen.

Mittheilungen der Antiqu. Gesellschaft in Zürich.
: H. Escher, die Stiftung von Kappel und die Herren von Eschenbach. Bd. II. Heft 1. 1842.
: S. Vögelin, Geschichte von Kappel. Band III. Heft 1. 1845.
: J. R. Rahn, die Kirchen des Cistercienserordens in der Schweiz. Band XVIII, Heft 2.
G. Meyer von Knonau. Die Regesten der ehem. Cistercienser-Abtei Kappel. Chur 1850. In den Regesten der Archive der Schweiz. Eidgenossenschaft, auf Anordnung der schweiz. geschichtsforschenden Gesellschaft, herausgegeben von Th. von Mohr, Band I. Heft 3.
Friedr. Vogel. Die alten Chroniken oder Denkwürdigkeiten der Stadt und Landschaft Zürich von den ältesten Zeiten bis 1820. Zürich 1845. Artikel Cappel 114 – 119.
Friedrich Vogel, Memorabilia Tigurina. Zürich 1841. Artikel Cappel. S. 83—86.
J. R. Rahn. Geschichte der bildenden Künste in der Schweiz. Zürich 1876. passim.
Derselbe, Die Wandgemälde in der Klosterkirche zu Kappel. (Anzeiger für schweiz. Alterthumskunde 1884, Seiten 43 u. f., 63 u. f., 90 u. f.)
Dr. A. Näscheler-Usteri. Die Gotteshäuser der Schweiz. Decanat Cham. (Geschichtsfreund der V Orte. Band 39 Seite 127 u. f., S. 133 u. f.)
E. Egli. Die Reformation im Bezirke Affoltern. (Zürcher Taschenbuch auf das Jahr 1888. S. 65. u. f.)
Dr. J. Escher und Dr. Paul Schweizer. Urkundenbuch der Stadt und Landschaft Zürich. Erster Band (Jahre 741—1234). Zürich 1888. Band II, erste Hälfte (Jahre 1235 –1248). Zürich 1890.

Abbildungen des Klosters.

I. Grundrisse der Gesammtanlage.

a) Zürcher Staatsarchiv, No. 192 a, Grundriss Mr. ge. Herren von Zürich, Amthauses Cappel, verfertigt 1738 in Verwaltung Herrn Joh. Casp. Hirzel, Amtmann. Grosser Plan der gesammten Klostergüter im ungefähren Maasstab von 1 : 2000.

No. 192 b. Duplicat von No. 192 a. In der untern linken Ecke befindet sich eine Ansicht Kappels aus der Vogelperspective.

No. 205 b. Das Closter Cappel. Mit allen innerhalb der Ringmauer sudirenden Gebäuwen. (1650 - 1700)

b) Zieglersche Prospecten-Sammlung auf der Stadtbibliothek Zürich. Grund- und Aufriss des Klosters Cappel. Delineatio Abbatiæ B. Mariæ Virginis de Capella, Sac. et Exempti Ord. Cistere. Filiæ Altaripæ sitæ in Cantone Tigurino, accuratè desumpta anno 1776. Fundata fuerat anno 1185. Wiederholt in der Text-Illustration Fig. 3.

II. Gesammtansichten.

Stumpf Joh. Schweizer-Chronik, Ausgabe von 1597 und 1606. In letzterer S. 518 b. Im Hintergrund das Kloster mit der Marknskirche.

Huntschli, Hs. Heb, Memorabilia Tigurina; (in der dritten Auflage von 1742 zu S. 118). Ansicht des Klosters am Ende des XVII. Jahrhunderts angefertigt, nach einer hinter 1650 zurückgehenden Ansicht, wohl nach Stumpf. Handzeichnung von H. Bullinger, Malerbücher der Künstlergesellschaft in Zürich XIII, Blatt 43.

Ebensolche von Martin Usteri, Bibl. der Künstlergesellschaft, Sammlung Usteri, L. 18, Blatt 8.

Ansicht, bezeichn. Barri pinxit. Malerbücher der Künstlergesellschaft XII, fol. 47.

Gesamtansichten von der Nordseite.

Neujahrsblatt der Musikgesellschaft 1814.

Stich von F. Hegi. Helvet. Almanach 1814.

Stich von F. Hegi, nach H. Bullinger. Extra Neujahrsgeschenk für 1849.

Stich von H. Füssli.

Stich von J. Suter, um 1830.

Zwingli's Todtenfeier 1831. Titelbildchen.

Ulrich Zwingli's Grabstein bei Kappel, gedr. v. J. Frh.
Gesammtansicht von der Ostseite.
Zwei Stiche von D. Herrliberger, der eine aus „Vorstellung lobl. Standts Zürich sog. aussere Amthäuser."
Kleiner Stich von Arter.

III. Grundriss der Kirche.

Mittheilungen der Antiquar. Gesellschaft in Zürich. Bd. III, Heft 1, S. 16. Bd. XVIII, Heft 2, Taf. I.

IV. Ansichten von Einzeltheilen.

Ansicht des Amthauses und eines Theils des Chores. Neujahrsblatt der Hülfsgesellschaft 1841.
Ansicht des Chores von Aussen, Stich von F. Hegi. Neujahrsblatt von der Chorherrenstube 1830. Wieder-
abgedruckt in Mitth. d. Antiqu. Ges. Bd. II, H. 1.
Die nämliche Ansicht in kleinem Holzschnitt, in Rahn. Gesch. d. bild. Künste in der Schweiz. S. 35, Fig. 118.
Innere Ansicht des Chores, Stich von F. Hegi. Mitth. d. Ant. Ges. Bd. III, Heft 1.
Ansicht des Nordportals am Querschiff. Radirung von Franz Hegi.
Ansicht der Kirche von der Nordseite, Stich von F. Hegi. Die alten Chroniken oder Denkwürdigkeiten
der Stadt und Landschaft Zürich von F. Vogel. 1845.
Einzelheiten der Chorstühle. Mitth. d. Antiqu. Ges. Bd. III, Heft 1, Taf. II.
Glasgemälde, ebendaselbst Bd. II, Heft 1.
Priestersitze im Chor. E. v. Rodt, Kunstgeschichtliche Denkmäler der Schweiz. IV, Serie, Taf. 5.
Wandgemälde. Anzeiger für Schweiz. Alterthumskunde 1884, zu S. 43, 63, 90 und folgende Taf. IV und VI.

Erklärung der Tafeln und der Text-Illustrationen.

Text-Illustrationen.

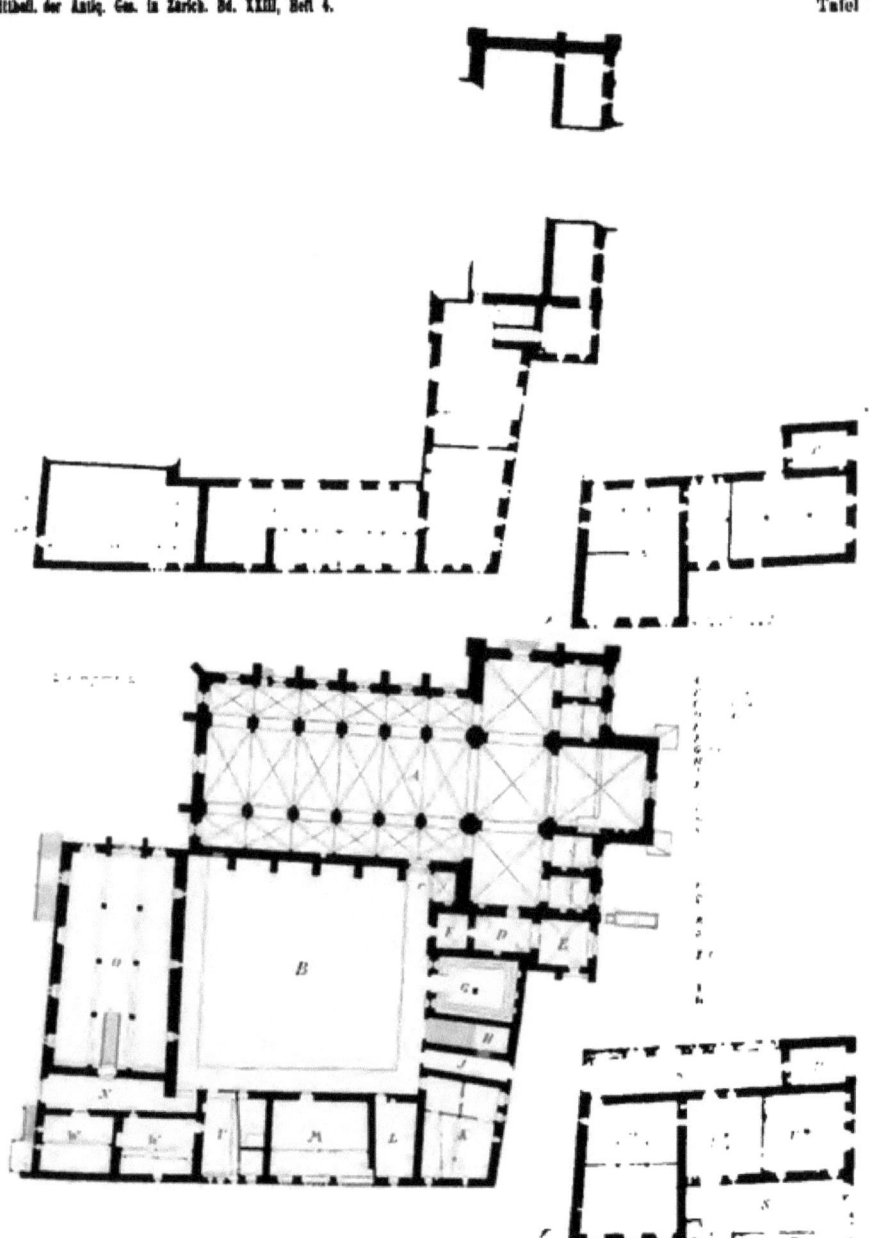